Linz

Thomas
Duschlbauer

mit Fotos von Andreas Röbl

KOMPASS

Linz Erlebnis
Pflasterspektakel

Linz Kunst
Lentos

Linz Musik
Brucknerfest

Hier sind Sie richtig

Der Neue Dom (rechts) und die Ursulinenkirche bei Nacht

Alle Themen auf einen Blick

Linz[10] ... 10
Die wichtigsten Sehenswürdigkeiten

Typisch Linz ... 20
Geschichte und Gegenwart

Linz per pedes ... 32
Spaziergänge – gegen die Zeit und der Donau entlang

Linz Themen ... 38
Architektur und Shopping, Kurioses und Kulinarisches

Linz aktiv ... 54
Die grünen Lungen der Stadt – Seen, Tierpark, Pöstlingberg

Linzikon ... 60
Linz von A bis Z – Tipps und Adressen

Rund um Linz ... 74
Klöster und Städte, Wanderungen und eine Radtour

Linz[10]

Die Mitte der Stadt: die Dreifaltigkeitssäule auf dem Linzer Hauptplatz

„Linz, meine Lieben, hat etwas Kurioses. Schon dass es einzig ist, unwiederholbar, macht so schnell ihm keiner nach."

Franzobel in Xing – Ein Kulturmagazin

Schon viele Aussagen wurden über Linz getroffen; manche davon waren nicht so schmeichelhaft. Wahrscheinlich auch deshalb, weil viele der besonders kritischen Geister nicht jenen Überblick hatten, wie er auf den nächsten Seiten geboten wird.

Diese Auswahl aus den eindrucksvollsten Sehenswürdigkeiten empfiehlt sich auch für einen „Schnelldurchlauf" durch die oberösterreichische Landeshauptstadt. Sie präsentiert Bekanntes, aber auch Neues und bislang noch eher Verborgenes.

Die Linzer Altstadt

Das ursprüngliche Stadtgebiet, das als „Altstadt" bezeichnet wird, umfasst die Umgebung des Linzer Hauptplatzes und kann innerhalb einer halben Stunde bequem besichtigt werden.
Reizvoll ist die Linzer Altstadt vor allem wegen ihrer engen und verkehrsberuhigten Gassen, die zum Flanieren einladen und immer wieder in Plätze und Hinterhöfe münden, wo man gemütlich verweilen kann. Die Architektur ist vor allem durch das Barock geprägt, das hier eine Blüte erlebt hat.

Spaziergang durch die Geschichte
Die Schmiedtorgasse zwischen dem Hauptplatz und der Landstraße sowie der Graben erinnern heute noch an die alte Stadtbefestigung aus dem späten 15. Jahrhundert, als Linz unter Kaiser Friedrich III. zur Landeshauptstadt wurde. Unter den Kirchen sind vor allem der Alte Dom in der Domgasse sowie die Pfarrkirche am Pfarrplatz zu erwähnen. Sehenswert ist auch die Klostergasse mit dem Linzer Landhaus, die in jenen Teil der Stadt führt, der von den Linzern als das „Bermudadreieck" bezeichnet wird. Hier konzentriert sich das Nachtleben der Stadt mit Restaurants und Bars. Ein beliebter Treffpunkt für Jugendliche ist dabei der Tummelplatz, der von schönen Bürgerhäusern umfasst wird und dessen Bezeichnung auf einen mittelalterlichen Turnierplatz hindeutet. Von hier aus kann man auch eine kleine Wanderung auf den Linzer Schlossberg mit seinem Museum unternehmen.

Das Highlight der Linzer Altstadt
stellt zweifellos der prachtvolle Hauptplatz mit seiner Dreifaltigkeitssäule dar, die ebenfalls ein Beispiel barocker Kunst ist und an die Errettung vor Krieg, Feuersbrunst und Pest erinnert.

Info: Tel. +43(0)732/7070-1777, www.linz.at

Ars Electronica Center

Das Ars Electronica Center an der Nordseite der Nibelungenbrücke – gegenüber des Neuen Rathauses im Stadtteil Urfahr – versteht sich als Museum der Zukunft. Neue Medientechnologien und ihre möglichen Anwendungen stehen im Mittelpunkt dieser publikumswirksamen Präsentation – etwa in Form interaktiver Installationen, die Ausflüge in virtuelle Welten ermöglichen.

Die Schnittstelle zwischen Mensch und Computer
nimmt dabei einen zentralen Stellenwert ein, und neue Zugänge eröffnen den Besuchern oft ungeahnte sinnliche Wahrnehmungen. Auch die Auswirkungen auf die Gesellschaft und der künstlerische Umgang mit den durch neue Medien hervorgerufenen Veränderungen sind Themen des AEC. Dies geschieht insbesondere im Rahmen des jährlichen Ars Electronica Festivals im September, wobei auch der Prix Ars Electronica vergeben wird. Darüber hinaus arbeitet das Future-lab des AEC eng mit der Linzer Kunstuniversität und IT-Forschungseinrichtungen zusammen, um diese Technologien auch selbst weiter zu entwickeln. Das AEC hat wesentlich zur Positionierung der Stadt Linz im Bereich der Medienkunst beigetragen.

Tel. +43(0)732/7272-0, www.aec.at

StifterHaus

Das Adalbert-Stifter-Institut, das Literaturhaus des Landes Oberösterreich, befindet sich an der Oberen Donaulände – im ehemaligen Wohnhaus von Adalbert Stifter.

Der 1805 geborene Dichter
bereitete seinem Leben hier im Jänner 1868 ein qualvolles Ende. Er gilt als der bedeutendste österreichische Erzähler des Realismus. Seine Novellen, aber auch seine Romane, wie etwa „Der Nachsommer", bestechen nicht zuletzt durch die meisterhaften Schilderungen oberösterreichischer Landschaften.

Die Institution,
die Adalbert Stifters Werk und Andenken pflegt, wurde zu einem lebendigen Zentrum der oberösterreichischen Gegenwartsliteratur. Neben dem Adalbert-Stifter-Institut zur Literatur- und Sprachforschung mit seiner umfangreichen Fachbibliothek befinden sich im StifterHaus auch Veranstaltungsräume für Lesungen, Buchpräsentationen, Vortragsreihen und Ausstellungen sowie ein Literaturcafé.

Auch die Werke und Nachlässe
anderer bekannter Autoren und Autorinnen aus Oberösterreich bzw. mit Oberösterreich-Bezug – etwa von Thomas Bernhard, Georg Ransmayr, Gertrude Fussenegger oder Anna Mitgutsch – werden im StifterHaus gesammelt, um sie einer wissenschaftlichen Aufarbeitung zu unterziehen.

Der Eintritt
zu den Ausstellungen und Veranstaltungen des StifterHauses ist frei.

Tel. +43(0)732/772011295-98, www.stifterhaus.at

Das Lentos Kunstmuseum, flankiert von Ausflugsschiffen auf der Donau

Lentos Kunstmuseum

Übersehen kann man es nicht: Das kantige Bauwerk, das die Zürcher Architekten Weber & Hofer realisiert haben, prägt die „Kulturmeile" der Linzer Donaulände, nicht weit von der Nibelungenbrücke entfernt.

Das Lentos Kunstmuseum beherbergt die Sammlung an Bildern und Skulpturen der Stadt Linz und ist ein Ausstellungszentrum für moderne Kunst. Seit seiner Eröffnung im Jahr 2003 ist das Lentos zu einem „Site" geworden – nicht zuletzt auch wegen der vorgesetzten Glasfassade des riegelförmigen Baukörpers, die nachts farbig erstrahlt. Das Lentos verfügt auch über einen überdachten Vorplatz, der einen schönen Ausblick auf die Donau und den gegenüberliegenden Stadtteil Urfahr bietet.

Das Innere des Kunstmuseums ist nüchtern-puristisch, um einen Kontrast zu den Exponaten zu schaffen, die im ersten Stock ausgestellt sind. Die Sammlung umfasst Werke aus allen bedeutenden Stilrichtungen des 20. und 21. Jahrhunderts, wie den Expressionismus, die Pop Art, den Wiener Aktionismus etc. Die Basis bildeten 120 bedeutende Kunstwerke aus der Sammlung des Berliner Kunsthändlers Wolfgang Gurlitt – Exponate von Klimt, Schiele, Kokoschka und Nolde. Darüber hinaus ermöglichen die Sonderausstellungen des Lentos immer wieder spannende und aktuelle Anknüpfungspunkte zwischen Kunst und Gesellschaft. Dadurch konnte sich das Lentos neben der großen Konkurrenz bekannter Ausstellungshäuser in Wien, Salzburg und München mittlerweile gut positionieren.

Tel. +43(0)732/70703600,
www.lentos.at

Das Linzer Schloss

thront auf einem Hügel im Westen der Altstadt, gut 100 m über der Donau. Es steht an einem bedeutsamen Platz, der, wie zahlreiche Spuren beweisen, schon früh besiedelt war.

Schon die Römer
haben auf dem Schlossberg ein Lager errichtet. Im 8. Jahrhundert wurde das Linzer Schloss erstmals urkundlich erwähnt; 1477 – unter Kaiser Friedrich III. – baute man es gänzlich um. Zu sehen sind davon u. a. noch Teile der Befestigungsanlage mit dem Friedrichstor. Dieses wird durch den berühmten Wappenstein mit der Aufschrift AEIOU („Alles Erdreich ist Österreich untertan") und einen Wappenstein geschmückt.

Um das Jahr 1600
erfolgte ein weiterer Umbau zu einem mächtigen Blockbau mit zwei Innenhöfen. 200 Jahre später wurde im Zuge des großen Stadtbrandes, der seinen Ausgang vom Schloss nahm, der Südflügel komplett zerstört. Dieser Trakt erstrahlt ab 2009 wieder in neuem Glanz und besticht dabei durch eine zeitgemäße Architektur.

Das Linzer Schlossmuseum
gilt als eines der größten Universalmuseen. Es beherbergt u. a. eine Dauerausstellung über die Geschichte der menschlichen Besiedlung in Oberösterreich, kulturwissenschaftliche Sammlungen sowie temporäre Sonderausstellungen. Vom Linzer Schlossberg und dem benachbarten Freinberg (Aussichtswarte), genießt man einen hervorragenden Blick auf die Stadt und ihre Umgebung.

Tel. +43(0)732/7744190,
www.schlossmuseum.at

Der Neue Dom

Der Maria-Empfängnis-Dom, wie das Gotteshaus im Südwesten der Altstadt korrekt heißt, fasst 20.000 Gläubige. Bei der Grundsteinlegung im Jahre 1862 waren dies mehr als zwei Drittel der damaligen Stadtbevölkerung. Damit ist der Neue Dom die größte Kirche Österreichs.

Der Baustil des Neuen Doms
ist typisch für die Neugotik und orientiert sich mit dem dreischiffigen Langhaus samt Fassadenturm und dem zweiflügeligen Hauptportal an der französischen Hochgotik. Eingeweiht wurde der Sakralbau 1924, wobei zuvor, während der Monarchie, verhindert wurde, dass der Kirchturm der Provinzstadt Linz höher wird als jener des Wiener Stephansdoms. So wuchs der Turm des Linzer Doms „nur" 135 m empor und blieb damit um einen Meter niedriger als die sakrale Konkurrenz in der Hauptstadt. Immerhin gilt der Neue Dom auch als der höchste Mariendom der Welt – und er dient den Besuchern von Linz durchaus als Orientierungspunkt.

In seinem Inneren
faszinieren vor allem seine Gemäldefenster mit Darstellungen aus der Stadtgeschichte. Im Rahmen der Vorbereitungen für das Kulturhauptstadtjahr 2009 wurde das gesamte Domviertel städtebaulich neu gestaltet.

Tel. +43(0)732/777885,
www.mariendom.at

Das Innere des Neuen Doms

OK Centrum für Gegenwartskunst OÖ

Im Unterschied zum Kunstmuseum Lentos versteht sich das Ende der 1980er-Jahre gegründete Offene Kulturhaus (OK) des Landes als ein Experimentallabor in Sachen Kunst.

Kunst als Experiment
Eine Sammlung wurde im OK bislang bewusst nicht angelegt. Dafür wird vor allem jungen und international arbeitenden Künstlern eine Plattform und Laborsituation geboten. Programmatisch liegt der Schwerpunkt auf multimedialen und raumbezogenen Gruppen- oder Einzelprojekten, wobei zeitgenössische Themen und Problemfelder für die Auseinandersetzung aufgegriffen werden. Der künstlerische Beirat des OK wechselt dafür nach einem Rotationsprinzip.

Darüber hinaus
finden im Offenen Kulturhaus auch regelmäßig Vorträge und Symposien zu Themen rund um Kunst, Kultur und Medien statt. Das ursprüngliche Schulgebäude aus den 30er-Jahren wurde vom Architekturbüro Riepl/Riepl für diese Nachnutzung mit vorbildlicher Sorgfalt adaptiert.

Das OK liegt an der Dametzstraße
(Nr. 30), knapp östlich der Linzer Landstraße – nahe der Mozartkreuzung und direkt hinter dem Kulturzentrum Ursulinenhof. In diesem Gebäude befindet sich übrigens auch das Programmkino Moviemento. Es ist – gemeinsam mit dem City Kino – Austragungsort des Linzer Filmfestivals „Crossing Europe", das sich mittlerweile überregional etablieren konnte.

Tel. +43(0)732/7841780,
www.ok-centrum.at

Natur & Industrie: der Botanische Garten und das voestalpine Besucherzentrum

Der Botanische Garten

Linz verfügt über viele Grünflächen – z. B. auf dem Freinberg, dem Frosch- und dem Bauernberg.

Dort, in der Roseggerstraße 20, befindet sich der Botanische Garten der Stadt, der auf einer Fläche von 4,25 ha rund 10.000 verschiedene Pflanzenarten beherbergt. Die einheimische wie die exotische Flora bietet ein „Chill-out" für die Linzer. Im Sommer finden hier auf einer Open-Air-Bühne Lesungen und Konzerte statt. Im Winter werden das Tropen-, das Sukkulenten- und das Orchideen-Haus gerne besucht.
Das Highlight besteht in der größten Kakteensammlung Europas mit rund 1100 Arten aus aller Welt. In unmittelbarer Nähe befindet sich auch das Arboretum mit etwa 700 Bäumen und Sträuchern aus der ganzen Welt und einer Fläche von ca. 8 Hektar.

Tel. +43(0)732/7070-1860, www.linz.at

Die Kirche zur heiligen Theresia

Die in den Jahren 1958 – 62 vom Architekten Rudolf Schwarz im Bauhaus-Stil errichtete Kirche im Linzer Stadtteil Keferfeld (Losensteinerstraße 6) gehört zu den bedeutendsten Objekten der Moderne, die in Oberösterreich gebaut wurden.

Entstanden ist dieser Stadtteil im Zuge der Gründung der heutigen voestalpine während des 2. Weltkrieges. Damals wurden die Bewohner des Dorfes St. Peter, das den riesigen Werksanlagen weichen musste, in den Süden des Hauptbahnhofs umgesiedelt (Zufahrt vom Blumauerplatz mit den Buslinien 14 und 15).

Der schlichte, weiß verputzte Stahlbeton-Sakralbau besteht aus einem langgestreckten Oval; sein Glockenturm ist vom übrigen Baukörper wie ein Campanile losgelöst.

www.linz.at

voestalpine Besucher- und Ausstellungszentrum

Als einen Beitrag für das Kulturhauptstadtjahr 2009 errichtet die voestalpine am Werksgelände ein neues Besucher- und Ausstellungszentrum, worin die faszinierende Welt des gesamten Konzerns erlebbar gemacht wird.

Gemeinsam mit dem neuen Bürogebäude
für mehr als 400 Mitarbeiter wurde das 36.000 m² große Areal völlig neu gestaltet. Für die Planung des Besucher- und Ausstellungszentrums, das auch wechselnde Sonderausstellungen beherbergen kann, zeichnet das Linzer Architekturbüro Schremmer-Jell verantwortlich, das auch den architektonisch ambitionierten Werksposten des Unternehmens konzipiert hat.

Den eigenen Werkstoff Stahl
mit seinen vielfältigen architektonischen Möglichkeiten zu präsentieren, bestärkte die Jury in ihrer Entscheidung für die innovativen Gebäudekonstruktionen. Das Besucher- und Ausstellungszentrum ist nicht nur eine Erlebniswelt zum Thema Stahl, sondern bildet auch den Ausgangspunkt für die Führungen durch das Werksgelände.

Die voestalpine gilt als Leitbetrieb der Region
und hat wesentlich zum Image der Stadt Linz beigetragen. Nach einer Krise Ende der 80er-Jahre hat der Konzern erhebliche Anstrengungen zur Verlängerung seiner Wertschöpfungskette unternommen und gehört gegenwärtig zu den profitabelsten Unternehmen der Branche.

Die Eröffnung
des Besucher- und Ausstellungszentrums erfolgt im Herbst 2009.

www.voestalpine.com

Das Gesicht der Arbeitswelt hat sich in Linz radikal gewandelt:

Moderner Steuerstand in der Stahlindustrie

Typisch Linz

Der Linz Marathon im Frühjahr ist zu einer Institution geworden.

Dieser Stadtführer versteht sich nicht als herkömmlicher Guide, sondern als ein Angebot, um selbst auf verschiedenen Wegen die Stadt zu entdecken. Dies kommt der Vielfalt der Themen entgegen, die mit der Stadt verbunden sind.

Außerdem führt Sie dieser Band hinaus in die Peripherie, wo es ebenfalls zahlreiche Sehenswürdigkeiten gibt. Auf diese Weise können Sie sich der Stadt auf mehreren Wegen nähern und erhalten dadurch einen besonders vielschichtigen Eindruck von Linz, seiner Geschichte und seinen Menschen.

Die oberösterreichische Landeshauptstadt Linz gehört mit ihren rund 200.000 Einwohnern zu den mittelgroßen Städten in Europa und bietet eine gewisse Überschaubarkeit und Kompaktheit, die es erlaubt, bereits nach wenigen Stunden einen schönen und bleibenden Eindruck von ihrem Wesen zu bekommen.

Jedoch ist dieser Ort gleichzeitig so reich an Geschichte und Geschichten, dass man sehr rasch einer gewissen Faszination verfallen und längere Zeit dort zubringen kann. Es lohnt sich auf jeden Fall, sich genauer mit dieser Stadt zu befassen und beispielsweise auch in die Hinterhöfe der Altstadt zu blicken.

Ursprünglich
hat sich in Linz der Großteil des Lebens entlang einer Nord-Süd-Achse bzw. entlang der Landstraße bis zum Hauptplatz abgespielt. In den letzten Jahren sind weitere Straßenzüge, Plätze und Parks hinzugekommen, die eine Belebung erfahren haben. Zudem bietet auch die unmittelbare Umgebung mit ihren Klöstern, Schlössern und anderen historischen Bauten sehr viel an Sehenswürdigkeiten. Und es mag erstaunlich klingen: Obwohl Linz einen sehr starken Bezug zum Thema „Arbeit" hat, eignet sich diese Stadt dennoch auch sehr gut zum Ausspannen und zum Flanieren.

Überhaupt kann man von einer Stadt der Gegensätze sprechen.
Es gibt zwar Bemühungen, Linz international in eine gewisse Richtung zu positionieren; letztlich wird sich allerdings zeigen, dass dies gerade durch die Lebendigkeit und Dynamik der Stadt nicht möglich ist.
Dies ist wahrscheinlich auch gut so, weil sich die Unterschiede, auf die man in dieser Stadt treffen kann, sehr gut ergänzen und ein harmonisches Ganzes bilden, was durchaus eine Art „Urbanität" mitten in der Provinz schafft.

Linz im Überblick

Linz nimmt eine zentrale Position innerhalb Mitteleuropas ein. Obwohl es sich um die nördlichste Landeshauptstadt Österreichs handelt, kann man sie aufgrund der mittlerweile guten Verkehrsanbindungen von allen Richtungen her rasch erreichen.

Traditionell gilt Linz
als ein wichtiger Knotenpunkt an der Strecke entlang der Donau und andererseits entlang der Verbindung zwischen der Adria und der Ostsee. Der Handel mit wichtigen Rohstoffen wie Salz, Holz und Erzen hat die Stadt über die Jahrhunderte hinweg langsam wachsen lassen, wobei die Stadt Enns, die etwa 20 Kilometer donauabwärts liegt, die Bedeutung von Linz lange Zeit relativiert hat. Enns ist auch die älteste Stadt Österreichs und erlebte eine erste Blüte während der Römerzeit.

Die Donau
war für das Schicksal von Linz stets von großer Bedeutung. Als wichtige Verkehrsader hat der Fluss überdies den kulturellen Austausch mit den umliegenden Regionen ermöglicht. Auch der letzte Schritt hin zur Industriestadt war nur dadurch möglich, dass auch genügend Wasser für die Erzeugung von Stahl vorhanden war und die dafür notwendigen Rohstoffe zum Teil über die Donau transportiert werden konnten.
Dort, wo sich die Stadt befindet, erfährt der Strom auch eine Krümmung, die beispielsweise vom Freinberg oder gegenüberliegenden Pöstlingberg gut zu erkennen ist. Von dieser Biegung leitet sich auch der Name der Stadt ab, die im Keltischen als „Lentos“ bezeichnet wurde.

Während die Stadt
im Linzer Becken nördlich und zum Teil auch westlich durch Felsen und Berge begrenzt wird, verläuft sie nach Osten und Süden hin hügelig bis flach in das Alpenvorland. Nördlich der Donau befindet sich das Mühlviertel bzw. das Granit- und Gneishochland der Böhmischen Masse.

Römer, Baiern und Habsburger
Die Donau diente lange Zeit als Grenzlinie des Römischen Reiches, wobei die Römer zum Schutz vor den Germanen in der Mitte des 1. Jahrhunderts am Linzer Schlossberg ein Kastell errichteten. Erste Spuren einer Besiedlung gehen bereits auf das 4. Jahrhundert v. Chr. auf die Kelten zurück, die in der Umgebung von Linz beeindruckende Wallanlagen hinterließen.
Obwohl das römische „Lentia“ mehrmals durch einfallende Germanen zerstört wurde, hielt die Siedlungstätigkeit kontinuierlich über die Zeit der Völkerwanderung und der Spätantike hinweg an. Schon zu dieser Zeit war Linz multikulturell beeinflusst. Das Frühmittelalter war geprägt durch die baierischen Herzöge, welche die Bedeutung der Stadt stärkten. Im Jahr 799 fand Linz als „Linze“ erstmals urkundliche Erwähnung, und unter den später nachfolgenden Babenbergern erhielt Linz den Rang einer Stadt, die durch die Mauteinnahmen zunehmend an Wohlstand gewann.
Die Habsburger trugen ebenfalls zum Aufstieg von Linz bei. Friedrich III. machte die Stadt von 1489 bis 1493 zu seiner Residenz und somit zum Zentrum des Heiligen Römischen Reichs. Ein weiteres historisches Datum im ausgehenden Mittelalter war 1497, als die Stadt von Kaiser Maximilian I. neben Wien und Krems das Privileg zum Bau einer dritten Donaubrücke erhielt.

Der Renaissance-Innenhof des „Mozarthauses“ (Altstadt Nr. 17)

Zu Beginn der Neuzeit
entwickelte sich Linz zu einem Zentrum der Reformation, wobei hier zwischen 1612 und 1626 auch Johannes Kepler unterrichtete. Die einsetzende Gegenreformation unter der Führung der Jesuiten und Kapuziner mündete auch in den Oberösterreichischen Bauernkrieg. Neun Wochen lang wurde die Stadt dabei von Stefan Fadinger und seinen Gefolgsleuten belagert.
Nach der Gegenreformation und dem Dreißigjährigen Krieg begann eine weitere wichtige Phase für die Entwicklung der Stadt. Die neuen Klostergründungen brachten die Barockisierung, die bis heute das Stadtbild prägt. Darüber hinaus zeichnete sich im 17. Jahrhundert auch die Industrialisierung ab, die ebenfalls ein bestimmender Faktor für Linz war und ist. Mit der Wollzeugfabrik, die vom Baumeister Johann Michael Prunner an der Donau errichtet wurde, entstand in Linz die erste Textilfabrik. Dort arbeiteten später zeitweise über 50.000 Menschen. 1969 wurde dieses einzigartige Industriegebäude gesprengt.

Industrie und Handel im Wandel
Zur Wende zwischen dem 18. und 19. Jahrhundert erlebte Linz erneut sehr turbulente Zeiten. So kam es im Jahre 1800 zu einem verheerenden Brand in der Linzer Altstadt; 1809 folgte im Zuge der Napoleonischen Kriege eine Schlacht zwischen österreichischen und französischen Truppen in Ebelsberg im Süden von Linz.

Diese Kampfhandlungen
waren auch Anlass für die Errichtung einer Befestigungsanlage rund um Linz, die von 1831 bis 1838 realisiert wurde. Rund 20 Jahre später musste die zum Teil baufällig gewordene Anlage aufgrund der fortgeschrittenen Waffentechnologie allerdings wieder aufgegeben werden. Heute dienen die Türme friedlichen Zwecken, wie etwa einer Grottenbahn mit Zwergen am Pöstlingberg oder als Museum im Vorort Leonding.

Mächtig thront das Linzer Schloss über der Donau und der Altstadt.

Die Zeit ab der Mitte des 19. Jahrhunderts
war geprägt von der zunehmenden Industrialisierung und vom Ausbau der Infrastruktur durch Projekte wie der ersten Pferdeeisenbahn Europas und der Donaudampfschifffahrt. Linz erhielt damals eine Werft und auch der deutsche Lokomotivhersteller Krauss errichtete hier eine Niederlassung. So wurde Linz in den letzen Jahrzehnten der Habsburgmonarchie zu einer wichtigen Industriestadt. Der steigende Anteil der Arbeiterschaft führte überdies dazu, dass auch das Militär dort eine große Rolle spielte und selbst zu einem bedeutenden Arbeitgeber wurde.

Es ist daher auch kein Zufall,
dass während der Zeit des Austrofaschismus Linz im Jahr 1934 zum Ausgangspunkt der Februarkämpfe zwischen Truppen der Heimwehr und des republikanischen Schutzbundes wurde, die schließlich im Bürgerkrieg endeten. Im Jahr 1938 erfolgte der Anschluss an das Deutsche Reich, und Adolf Hitler, der seine Schulzeit in Linz verbrachte, wollte die Stadt zu seinem späteren Alterssitz werden lassen. Zahlreiche repräsentative Bauten wie die weltgrößte Kunst- und Gemäldegalerie sollten dort nach den Plänen des Architekten Albert Speer errichtet werden.

Verwirklicht
wurden allerdings lediglich die Pläne zur weiteren Industrialisierung, die den Bau der damaligen „Reichswerke Hermann Göring" sowie der Linzer Chemiewerke zur Folge hatten. Linz wurde somit zum Zentrum der Schwerindustrie, die mit Hilfe von Strafgefangenen errichtet wurde.
Der Bau der Industrieanlagen führte auch dazu, dass der Wohnbau in Linz forciert wurde und Stadtteile wie der Bindermichl, der Spallerhof, das Franckviertel und das Keferfeld ein völlig neues Gesicht bekamen. Die zweite Industrialisierungswelle ließ Linz auch zu einem Ziel alliierter Luftangriffe werden.

Nach dem Krieg
wurde die Donau erneut zu einer Grenzlinie – diesmal zwischen der US-amerikanischen und der sowjetischen Besatzungszone im Norden bzw. im Mühlviertel.
Der Wiederaufbau gelang rasch, und bald musste für die wachsende Bevölkerung zusätzlicher Wohn-

raum geschaffen werden. Nicht in jedem Fall kann dabei von einer gelungenen Architektur gesprochen werden, und noch heute können manche Grundrisse des sozialen Wohnbaus nicht mit den veränderten Bedürfnissen der gegenwärtigen Gesellschaft Schritt halten. Linz hat sich in den 60er- und 70er-Jahren auch dadurch den Ruf einer tristen Industriestadt zugezogen.

Eine grundlegende Neuorientierung

erfolgte in den 80er-Jahren. Die von Krisen gebeutelte Schwerindustrie wurde einer radikalen Umstrukturierung unterzogen. Dabei gelang auch die drastische Reduktion der Emissionen. Linz machte einen Quantensprung hinsichtlich seiner Lebensqualität.

Die Stahlindustrie bzw. die heutige voestalpine wurde zu einem der profitabelsten Stahlhersteller und Weiterverarbeiter weltweit. Gleichzeitig konnte sich in diesem vom Aufschwung geprägten Umfeld auch eine Kreativwirtschaft etablieren, weshalb Linz mit seiner Kunstuniversität, zahlreichen Werbeagenturen und Verlagen auch diesbezüglich eine in Österreich zentrale Rolle einnimmt.

Manifest ist dies

auch durch die Errichtung des Ars Electronica Centers (AEC) geworden, wodurch sich die Stadt auch im Bereich der Neuen Medien positionieren konnte.

Die Nominierung zur Europäischen Kulturhauptstadt 2009, gemeinsam mit Vilnius, stellt diesbezüglich einen weiteren Meilenstein in diese Richtung dar und ist durchaus als eine Herausforderung für die Stadtentwicklung anzusehen. Denn damit sind gleichzeitig auch Aspekte verbunden, die für Linz nachhaltig eine Rolle spielen werden.

Zu diesen gehören beispielsweise der Umgang mit der migrantischen Kultur bzw. der Vielfalt, die durch unterschiedliche Bevölkerungsgruppen nach Linz getragen wurde, das Bekenntnis zu einer Architektur und Städteplanung, die auch dem internationalen Anspruch dieser Stadt gerecht wird sowie weitere Investitionen in die Bildung und Forschung. Der jüngst in Linz errichtete Wissensturm im neuen Bahnhofsviertel – mit einem Programm, das alle Bevölkerungsgruppen zur Teilnahme einlädt – kann dafür als ein Beispiel gesehen werden.

Eine Stadt im Wandel

Kaum eine Stadt in Mitteleuropa hat sich in den letzten Jahrzehnten derart verändert wie Linz – und dabei trotz zunehmender Dynamik auch sukzessive an Lebensqualität gewonnen.

Nach wie vor bestimmend
für das heutige Linz ist zweifellos die Industrie, die während des 2. Weltkrieges angesiedelt wurde. Dies hat nicht nur das Stadtbild nachhaltig geprägt, sondern auch wesentlich zur Positionierung beigetragen. Während beispielsweise österreichische Städte wie Wien und Salzburg überwiegend mit ihrem kulturellen Erbe und Persönlichkeiten wie Mozart und Strauß assoziiert werden und dadurch auch weltweit Bekanntheit genießen, ist Linz jene Stadt, die beinahe symbolhaft für das Industrielle steht. Auch der Bekanntheitsgrad der Stadt hält sich in Grenzen, die über Mitteleuropa wohl kaum hinausgehen, obwohl jene Produkte, die in Linz und Umgebung produziert werden, weltweit geschätzt werden.

Natürlich
kann auch Linz stolz auf ein reiches kulturelles Erbe sein. Im Zuge größerer Baustellen im Zentrum von Linz finden sich fast jedes Mal Zeugnisse aus der Vergangenheit – zuletzt auch beim Bau der Tiefgarage an der Promenade, wo u. a. die mittelalterliche Brücke zum Landhaus freigelegt wurde, die Teil der damaligen Befestigungsanlage war. Das kulturelle Erbe von Linz schließt natürlich auch Sehenswürdigkeiten wie das Linzer Schloss, die zahlreichen Kirchen aus der Barockzeit und den Neuen Dom ein.

Dennoch
werden diese Attraktionen von den Investitionen in den Standort überschattet, welche die Stadt durch Betriebe wie die voestalpine oder Siemens VAI zu einem internationalen Zentrum der Stahlherstellung und –Weiterverarbeitung gemacht haben. Die Gasometer und Hochöfen des Stahlwerks sind im Stadtbild wesentlich manifester als manch andere repräsentative Gebäude, und nachts bildet die Industrie eine eigene Skyline. Zudem genießt die Stadt auch Weltruf hinsichtlich der chemischen Industrie und der Automatisierung.

Dies alles
hat Linz auch eine gewisse Modernität und Nüchternheit beschert, die einen einzigartigen Gegensatz zur provinziellen Gemütlichkeit und teilweise schon ländlichen Idylle darstellt. Denn umgekehrt wurde Linz beispielsweise 2006 zur „naturfreundlichsten Gemeinde Österreichs" gekürt und fördert auch ökologieorientierte Stadtbauern.

In diesem Nebeneinander
und dem Umstand, dass die Stadt nicht gänzlich einem kulturellen Erbe ausgeliefert ist, besteht ein großes Potenzial für die weitere Entwicklung. Denn noch gibt es viel Platz für Neues, noch können selbst bereits begangene Sünden wieder reingewaschen werden.

Die Nominierung zur Europäischen Kulturhauptstadt 2009
kann vor diesem Hintergrund nicht nur als eine willkommene Herausforderung, sondern auch als ein Auftrag gesehen werden, hier etwas zu schaffen, was von Dauer ist und wodurch sich Linz entlang einer starken kulturellen Achse zwischen Wien und Salzburg positionieren kann. Mit Veranstaltungen wie der Ars Electronica und dem

Ein Modell der früheren Stadt im Museum LinzGenesis

Bruckner Festival wurde bereits vor Jahren ein Anfang in diese Richtung gemacht. So hat Linz ein eigenes Selbstverständnis entwickelt, das vor allem durch Modernität und Dynamik geprägt ist und immer wieder mit unkonventionellen Lösungen überrascht.
Die Stadt, die auch Standort mehrerer Universitäten und einer Fachhochschule ist, wirkt daher sehr jung und ist auch ein Experimentierfeld für neue künstlerische Strömungen.

NÄHER BETRACHTET: LINZGENESIS

Beispielhaft für dieses Selbstverständnis und das Unkonventionelle ist LinzGenesis, ein etwas anderes Museum für Stadtgeschichte. Hier beschränkt man sich bewusst auf einige Themen, welche die Entwicklung der Stadt dauerhaft geprägt haben. Dadurch können die Besucher Geschichte überblicksmäßig – sozusagen im Zeitraffer – erleben und markanten Spuren folgen.
Das geschichtliche Spektrum reicht vom Keltenwall und ausgesuchten Exponaten eines Fundes am Gründberg über mittelalterliche Beispiele, die Blüte des Barock bis hin zur jüngsten Vergangenheit mit den Wirren des 2. Weltkriegs und der Zeit des Wiederaufbaues. Dies alles wird sehr kurzweilig präsentiert, sodass sich LinzGenesis sehr gut als Orientierungs- und Ausgangspunkt für die Entdeckung der Stadt eignet.

LinzGenesis
Altes Rathaus am Hauptplatz, geöffnet Montag bis Freitag von 9.00 bis 13.00 und von 14.00 bis 18.00 Uhr. Am Wochenende geschlossen bzw. nur mit Stadtführern zu besuchen.
Tel.: +43(0)732 7070/1920

Mit diesem Gebäude präsentiert sich Linz auch als Stadt des Wissens.

Der Aufbruch ins 21. Jahrhundert

Das Linz von der Gegenwart zeigt, dass Arbeit und Kultur, Industrie und Muse einander keineswegs ausschließen müssen, sondern sich durchaus gut ergänzen können. So können die Orte der Produktion beispielsweise als Schauplatz künstlerischer Veranstaltungen dienen, wie das jährlich im Zuge des Voestifals auf dem Werksgelände der voestalpine geschieht.
Darüber hinaus bietet die voestalpine auch ein einzigartiges Besucher- und Ausstellungszentrum, das die Produktion und Weiterverarbeitung von Stahl gekonnt als Infotainment vermittelt. Das architektonisch reizvolle Gebäude ist von der Konzernleitung auch als Beitrag für das Kulturhauptstadtjahr 2009 gedacht.

Viele frühere Werkshallen
wurden mittlerweile umgewidmet, um dort gezielt Betriebe der Kreativwirtschaft anzusiedeln. Beispiele dafür sind die ehemalige Lederfabrik in Linz-Urfahr oder das Donauplex am Linzer Hafen, worin Künstler, Softwareunternehmen, Event- und Werbeagenturen und Architekten ihren Standort gefunden haben.

Laut einer Studie von 2006
sollen mittlerweile rund 30.000 Menschen im Großraum von Linz in der Kreativindustrie beschäftigt sein. Denn seit den 60er-Jahren hat sich im Umfeld der Linzer Kunstuniversität und der Grafik-HTL in der Goethestraße eine gestalterische Szene entwickelt, die auch der Wirtschaft wertvolle Impulse verleiht.
So kann man dem Industrial Design aus Linz heute überall begegnen. Ein Beispiel dafür sind die Löschfahrzeuge der Leondinger Firma Rosenbauer, die auf allen großen Flughäfen der Welt im Einsatz sind.

Die Industrie
schafft allerdings nicht nur Raum für Kreativität, sondern auch für Rekreation bzw. neue Naturräume. Ein Beispiel dafür ist der Weikerlsee, der in den 1950er-Jahren durch den Schotterabbau der ehemaligen VÖEST entstanden ist und damals zu einem Strandbad wurde. Heute ist der Weikerlsee als Teil der Linzer SolarCity ein idyllisches Naherholungsgebiet. Dies gilt auch für den Pichlingersee und den Pleschingersee, die ebenfalls durch den Schotterabbau entstanden sind.

NÄHER BETRACHTET: DIE ARS ELECTRONICA

Dieser Schwerpunkt wurde 1979 ins Leben gerufen und hat wesentlich dazu beigetragen, dass sich Linz im Bereich von Wissenschaft, Kunst und Medien positionieren konnte. Das Festival für Medienkunst mit der seit 1987 parallel stattfindenden Verleihung des Prix Ars Electronica ist mittlerweile weit über die Grenzen von Österreich hinaus bekannt. Ursprünglich war die Ars Electronica organisatorisch an das „Internationale Brucknerfest" gekoppelt und hatte Ausstellungsflächen im Landesmuseum und Brucknerhaus.
Darüber hinaus wurde immer wieder auch der Linzer Stadtraum zum Schauplatz von Inszenierungen und interaktiven Performances mit Publikumsbeteiligung. Seit 1996 gibt es am Brückenkopf der Linzer Nibelungenbrücke in Urfahr das „Ars Electronica Center" (AEC), das als „Museum der Zukunft" intendiert und im Zuge der Vorbereitungen für das Kulturhauptstadtjahr

Neue Farbenpracht an der Donau: das baulich erweiterte Ars Electronica Center

2009 erweitert und modernisiert wurde. Bestandteil der Ars Electronica ist auch das FutureLab, das im Forschungs- und Entwicklungsbereich international mit Universitäten und Unternehmen kooperiert. Auch hier ist eine zukunftsweisende Schnittstelle zwischen Industrie und Kunst entstanden. In unmittelbarer Nähe zum AEC befindet sich auch das Gebäude der Kulturinitiative Stadtwerkstatt.

AEC Hauptstraße 2, 4040 Linz, www.aec.at

Das neue AEC Gebäude:
Erweiterungsfläche: 4.000 m²
Gesamtfläche: 6.500 m²
Kosten: 29,7 Millionen Euro (inkl. Ausstattung)
Generalplaner/Architekt: Treusch architecture ZT GmbH

Linz: Zahlen, Daten, Fakten
Einwohner: knapp 190.000 (nach Wien und Graz drittgrößte Stadt Österreichs)
Fläche: 96 km²
Grünflächen: ca. 10 Prozent
Niederschlagsmenge: ca. 50 mm in den Monaten Oktober bis April, bis zu 95 mm in den Sommermonaten.
Langjährige mittlere Jahrestemperatur 1961 – 1990: 8,8 ° C.
Arbeitsplätze: rund 192.000
Anzahl der Betriebe: ca. 6.250
Erste urkundliche Erwähnung: 799 (Linze) in der Martinskirche
Landeshauptstadt seit: 1490
Wirtschaftliche Schwerpunkte: Produktion und Weiterverarbeitung von Stahl, Anlagenbau, Automatisierung, chemische Industrie und Kunststofftechnik
Bedeutende Personen,
die hier gelebt und gewirkt haben: Johannes Kepler, Anton Bruckner, Franz Stelzhamer, Adalbert Stifter, Hermann Bahr, Heimrad Bäcker, Valie Export

Chroino / RoboLab im AEC

Linz per pedes

Der Linzer Donaupark, ein Dorado für Sportler und Erholungssuchende

Die Innenstadt von Linz eignet sich sehr gut zum Flanieren, denn das Zentrum ist sehr übersichtlich und verfügt über einige markante Orientierungspunkte wie den Neuen Dom, die Hochhäuser des Bahnhofsviertels und das Linzer Schloss über der Donau.

Andererseits hat sich der Stadtkern entlang von zwei Achsen entwickelt, die sich am Hauptplatz kreuzen. Eine Achse verläuft entlang der Linzer Landstraße, die zu den belebtesten und beliebtesten Straßen des Landes gehört, und nördlich der Donau in Urfahr als Hauptstraße ihre Fortsetzung findet. Die andere Achse wird von der Donaulände gebildet. Wer beide Strecken passiert, bekommt bereits einen Großteil der Linzer Sehenswürdigkeiten zu Gesicht.

Ein Spaziergang gegen die Zeit

Vom modernen Bahnhofsviertel zum mittelalterlichen Hauptplatz

Den Anfang macht die Landstraße, die eher das „alte" Linz verkörpert, an der Goethekreuzung bzw. in der Nähe des Volksparks, wo derzeit auch das Musiktheater der Stadt entsteht. Dieser Teil der Innenstadt schließt an das moderne Bahnhofsviertel an, das durch zahlreiche Neubauten sicherlich an Attraktivität gewonnen hat und mit dem Bau des Musiktheaters zusätzlich aufgewertet wird. Der Linzer Bahnhof an sich wurde bereits mehrmals in Folge zum schönsten Bahnhof Österreichs gekürt.

Folgt man der Landstraße
in Richtung Stadtzentrum, so gelangt man zunächst zum Schillerpark mit der neu renovierten Studienbibliothek sowie dem Casinogebäude, das auch eine Geschäftspassage beherbergt. Danach schließt die Fußgängerzone an, wobei man das Kaufmännische Vereinshaus passiert. Dieses ist ein beliebter Veranstaltungsort für Bälle und Empfänge. Unweit davon befindet sich auch die erste evangelische Kirche der Stadt. Sie durfte aufgrund des damaligen Toleranzpatentes von Joseph II. nicht direkt an der Landstraße errichtet werden und befindet sich daher etwas versetzt in der Konrad-Vogel-Straße, nahe der Mozartkreuzung. Von dieser hat man einen Blick auf den Neuen Dom. Dort lädt die Buchhandlung Thalia, eine wahre Erlebniswelt für große und kleine Literaturfans, zu einem Besuch ein.

Unser Weg
führt nun auf der Fußgängerzone weiter bis zum Taubenmarkt – entlang des Baumgartenberger Stiftshauses bzw. des Klosterhofes sowie der Ursulinenkirche mit dem benachbarten Ursulinenhof, worin ein wichtiges Veranstaltungszentrum des Landes Oberösterreich

Nachts werden die Gebäude der Linzer Innenstadt durch Licht in Szene gesetzt.

gemeinsam mit verschiedenen Kulturvereinen untergebracht ist. Man passiert auch das Passage City Center, das unterirdisch mit dem Atrium, einem weiteren Einkaufstempel der Innenstadt verbunden ist. Am Taubenmarkt, der seinen Namen vom früheren Kleintiermarkt der Stadt erhalten hat, erwartet Sie mit der Arkade ein weiteres Einkaufszentrum.

Den Linzer Hauptplatz
erreicht man dann über die schmale Schmidtorgasse. Das Herz der Stadt zählt zweifellos zu den schönsten Plätzen Mitteleuropas. Sein heutiges Aussehen geht großteils auf das 13. Jahrhundert zurück. Um diese Dimensionen mit einer Fläche von 13.140 m^2 zu erhalten, wurde damals die Befestigungsanlage rund um Linz entsprechend erweitert. Das Alte Rathaus wurde innen völlig neu gestaltet, wobei die gotische Architektur des 1513 errichteten Gebäudes mit der modernen Formensprache sehr gut harmoniert.
Der Hauptplatz war stets ein beliebter Versammlungsort der Linzer Bürger. Hier wurden Turniere ausgetragen, fanden Hinrichtungen statt und hatte auch der Pranger seinen Platz.
Auch heute finden hier Veranstaltungen und Märkte wie beispielsweise der Flohmarkt am Samstag oder der beliebte Weihnachtsmarkt statt.

Seit 1723
beherbergt der Hauptplatz eine besondere Sehenswürdigkeiten: die Dreifaltigkeitssäule, die vom Steinmetzmeister Sebastian Stumpfegger nach dem Entwurf von Antonio Beduzzi ausgeführt wurde. Anlässe wie die überstandene Kriegsgefahr im Jahr 1704, die glimpflich verlaufene Feuersbrunst von 1712 und schließlich das Ende der Pest im Jahr 1713 führten zur Errichtung der Säule.

An den erst 1948 errichteten Brückenkopfgebäuden, die heute Sitz der Linzer Kunstuniversität sind, endet dieser Spaziergang durch Linz. Hier befindet man sich direkt vor der Nibelungenbrücke über die Donau. Sie wird ein ständiger Begleiter während des weiteren Spazierganges sein.

Die Donau hinab

Von der Martinskirche zum Donaupark

Der Ausgangspunkt unseres zweiten Spazierganges markiert wohl auch den Beginn der Linzer Stadtentwicklung. Denn die Martinskirche im Stadtteil Römerberg ist die älteste Kirche Österreichs. Ihre erste urkundliche Erwähnung erfolgte im Jahr 799.
Der heutige Grundriss geht allerdings auf Umbauarbeiten zurück, die im 10. oder 11. Jahrhundert vorgenommen wurden. Ausgrabungen brachten u. a. frühe Mauerreste eines Rechtecksaals mit Chorschranke aus der Romanik sowie einen Zentralbau aus der Zeit der Karolinger zu Tage. Die jetzige Erscheinung im gotischen Stil ist auf Umbauten im 15. Jahrhundert zurückzuführen.

Weiter geht's zum Linzer Schloss, das markant über der Donau thront. Es befindet sich auf dem Gelände des früheren römischen Castells Lentia. Sein Südtrakt wurde jüngst neu errichtet und dient dem Schlossmuseum seither als weitere Ausstellungsfläche. Im Linzer Schloss ist auch eine Dauerausstellung über die Geschichte der Region untergebracht. Im Schlosspark gibt es mehrere Aussichtspunkte, die einen schönen Überblick über die Stadt gewähren.

Wir folgen der Hofgasse hinunter in die Linzer Altstadt, in deren Zentrum sich der Alte Markt befindet. Die zahlreichen Restaurants und Bars sind vor allem abends belebt. Folgt man der Hofgasse weiter, so gelangt man zum Linzer Hauptplatz, der nördlich durch die Brückenkopfgebäude der Linzer Kunstuniversität eingefasst ist. Unweit davon befindet sich die Nibelungenbrücke über die Donau.

Weiter stromabwärts wurde 2003 das Lentos Kunstmuseum errichtet, welches eine große Sammlung an Gemälden, Fotografien und Skulpturen beherbergt. Das Kunstmuseum überspannt auch eine große Fläche, von der aus man einen wunderbaren Blick auf den gegenüberliegenden Stadtteil Urfahr mit dem neuen Rathaus und dem Ars Electronica Center hat.

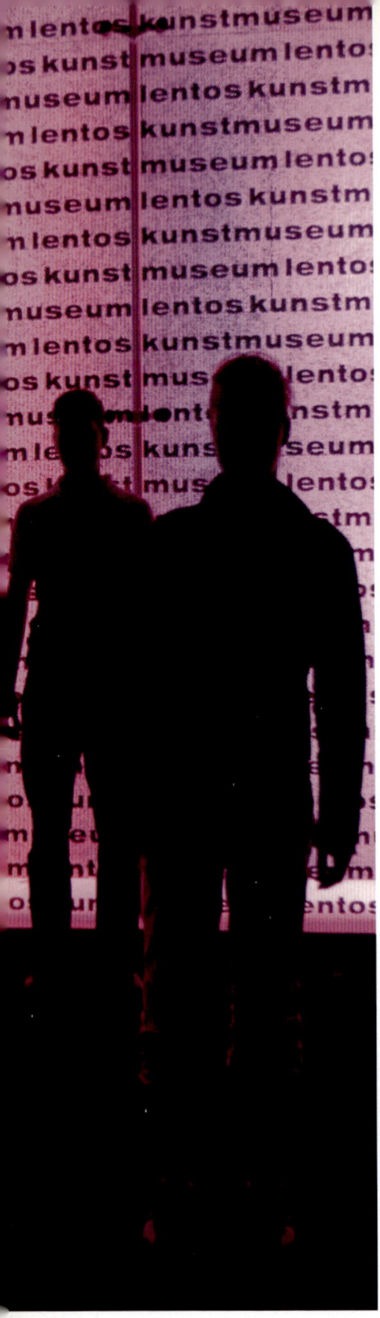

Gegenüber dem Lentos
befindet sich an der Donaulände das StifterHaus, das ehemalige Wohnhaus des Autors und Malers Adalbert Stifter. Es dient auch als Plattform für Lesungen und Ausstellungen mit literarischem Bezug. Während der Veranstaltungen ist dort auch ein Literaturcafé geöffnet.

Sein Ende
findet der Spaziergang ein Stück Donau abwärts beim Brucknerhaus, dem Konzert- und Kongresshaus der Stadt Linz. Der Weg dorthin ist gesäumt von einer Kastanienallee und unterhalb vom Donaupark, wo Plastiken des mittlerweile legendären Forum Metal zu sehen sind. Das Linzer Brucknerhaus wurde 1974 nach Plänen des finnischen Architekten Heikki Siren errichtet und gehört sicherlich zu den eindrucksvollsten Beispielen moderner Architektur in Linz.

NÄHER BETRACHTET: DIE KLANGWOLKE

Die Linzer Klangwolke ist zwar nur ein temporäres Ereignis, das jedes Jahr Anfang September im Donaupark stattfindet, wobei riesige, auf Kränen befestigte Lautsprecher für ein einmaliges Klangerlebnis sorgen. Jedoch ist dieses Ereignis mittlerweile zu einer für Linz typischen Institution im Rahmen des Brucknerfestes geworden. Seit 1979 findet die Klangwolke statt. Zu unterscheiden ist zwischen der visualisierten Klangwolke mit Lasershow und Feuerwerk etc., einer klassischen Klangwolke zum Auftakt des Brucknerfestes sowie einer Kinderklangwolke, die als Nachmittagsveranstaltung stattfindet und eine musikalische Geschichte erzählt.

Der Donaupark ist auch Heimstätte für Veranstaltungen wie etwa die Klangwolke.

Linz Themen

Im Sommer finden im Innenhof des Landhauses die Arkadenkonzerte statt.

„Linz verändert" ist das Motto der Stadt, die durch ihre Vielfalt überrascht und neuerdings auch Mut bei Architektur und Städtebau beweist. Tradition und Moderne bilden dabei einen spannenden Gegensatz.

Die Stadt Linz lässt sich aus vielen Perspektiven erschließen, da sie mehrere Gesichter hat: Da gibt es beispielsweise das Traditionelle mit seinen Schätzen aus dem Barock, das Geschäftige, das sich zunehmend bis hinaus auf das Umland ausdehnt, und die „grüne Stadt", die zahlreiche Möglichkeiten für Sport und Erholung bietet.

Vom Barock zur Postmoderne

Auch wenn dies nicht so recht zum nüchternen und modernen Image der Stadt passen will, so kann man im Fall von Linz dennoch von einer typischen Barockstadt sprechen. Diese Epoche hat das Erscheinungsbild des Stadtzentrums erheblich geprägt und hat Kirchen sowie profane Bauten hinterlassen, die weithin sichtbar sind.

Das Opulente dieses Baustils
mag vielleicht nicht immer den Geschmack eines Jeden treffen. Es verleiht der Stadt allerdings eine gewisse Nestwärme bzw. eine wohlige und beschauliche Ausstrahlung, die einen guten Kontrast zur Architektur der Gegenwart bildet.

Zu den bedeutendsten Bauten
diese Epoche zählen der Alte Dom, der zwischen 1678 und 1699 errichtet wurde, das unweit davon gelegene Alte Rathaus am Hauptplatz, die Stadtpfarrkirche, die Ursulinenkirche sowie die Karmeliter- und Minoritenkriche. Die Dreifaltigkeitssäule gehört ebenfalls zu den Sehenswürdigkeiten, die in dieser Blütezeit zwischen 1650 und 1750 entstanden sind.

Danach
setzte in Linz die Industrialisierung ein; sie hat bis heute ein architektonisches „Gegengewicht" im Stadtbild geschaffen. Eines der bedeutendsten und nach wie vor sichtbaren Zeugnisse der Industrialisierung ist die Tabakfabrik, die 1935 fertiggestellt wurde. Die Pläne stammen von den Architekten Alexander Popp und Peter Behrens, welcher als Erfinder des Corporate Designs gilt.
Nach der Privatisierung der Tabakwerke und der Übernahme durch einen internationalen Konzern kam 2007 das Aus für die Fabrik, die unter Denkmalschutz steht und einer neuen Widmung zugeführt wird.

Die Industrie
kann auch heute noch mit architektonisch spannenden Bauten aufwarten. Zu diesen gehören beispielsweise der Werksposten bzw. die Haupteinfahrt zur voestalpine sowie das im Herbst 2009 zu eröffnenden Besucherzentrum des Konzerns. Beide Gebäude wurden von den Linzer Architekten Schremmer Jell geplant.

Wie anderswo auch,
ist in Linz die Architektur der Gegenwart zudem sehr stark vom Handel und von unserer Eventkultur bzw. von der Inszenierung des Konsums geprägt. Zu erwähnen sind hier die Arkade sowie die Passage in der Innenstadt, wobei die großen Einkaufstempel in den Vororten in Pasching, Leonding und Haid zu finden sind.

Die Hot Spots
Die bedeutendsten städtebaulichen Veränderungen fanden und finden entlang der Donau bis zum Hafengelände, im Bahnhofsviertel sowie rund um den Europaplatz statt. Neben Kulturbauten wie dem Lentos und dem neuen Ars Electronica Center entstand entlang der Donau jüngst auch eine neue Eissporthalle, die von den Linzer Riepl & Riepl Architekten geplant wurde.
Weiter Donau abwärts wurden nach dem farbenfrohen Maxx Hotel der Steigenberger Gruppe von den Architekten Ortner und Ortner die Bereiche „Arbeiten" und „Wohnen" in zeitgemäßer Form miteinander kombiniert. Dort befindet sich nicht nur der Sitz der oberösterreichischen Technologie- und Marketing Gesellschaft (TMG) mit einem Gründerzentrum nach den Plänen des Architekten Gerd Gessner, sondern mit der „Donaupromenade" auch ein neues Wohnbauprojekt, welches das Wohnen am Fluss mit dem Blick ins Grüne bzw. auf Pöstlingberg und Pfenningberg ermöglicht.

Danach
macht die Donau einen Knick, der u. a. von einer architektonisch überaus spannenden Logistikhalle der voestalpine sowie dem Gericom-Gebäude von Architekt Wolfgang Kaufmann am Hafengelände flankiert wird. In unmittelbarer Nähe befindet sich außerdem das Veranstaltungszentrum Posthof, das 1989 durch Schremmer & Jell im Zuge eines Umbaus und einer Erweiterung sein gegenwärtiges Gesicht erhalten hat.

Der Europaplatz
ist ein weiterer architektonischer Hot Spot, weil hier gezielt versucht wurde, auch außerhalb des eigentlichen Stadtzentrums neue Akzente zu setzen und das angrenzende Franckviertel, ein traditioneller Arbeiterbezirk, zu beleben. Abgesehen vom Sitz der oö. Raiffeisenlandesbank, die mit ihrer nüchternen Architektur wie eine Krake eine Jugendstilvilla, die für Repräsentationszwecke genutzt wird, umschlingt, befindet sich dort auch das wehrhaft wie eine Fregatte anmutende ORF-Landesstudio. Es wurde nach den Plänen von Gustav Peichl erbaut und zeichnet sich durch mache Details aus, zu denen beispielsweise Fenster gehören, wie sie ansonsten nur bei der Bahn Verwendung finden.

Gegenüber
befindet sich weiters das Linzer Design Center, das für Messen und Kongresse genutzt wird. Das als Solitär konzipierte Gebäude, welches mit vorgefertigten Glaselementen umhüllt ist, wurde 1988 von Thomas Herzog mit Heinz Stögmüller errichtet.

Nicht weit davon entfernt liegt das Bahnhofsviertel, wo sich in den letzten Jahren die bedeutendsten architektonischen Veränderungen ergeben haben. So befinden sich neben dem neuen Bahnhof auch drei neue Hochhäuser sowie das Verwaltungszentrum des Landes Oberösterreich.
Eines dieser Hochhäuser ist u. a. Sitz des Finanzamtes, während der Wissensturm Institutionen wie die Stadtbibliothek und die Volkshochschule beherbergt. Er dient auch als Veranstaltungszentrum für Lesungen und Vorträge. Energietechnisch sicherlich neuartig ist der Power Tower der oberösterreichischen Energie AG, der seinen Energiebedarf autark durch Solarzellen an der Fassade und durch einen Wärmetauscher etc. decken kann. Unweit davon ist das neue Zentrum der Arbeiterkammer Oberösterreichs gelegen, das jüngst modernisiert und erweitert wurde. Den vorläufigen Abschluss dieser städtebaulichen Veränderungen wird das neue Musiktheater machen, das auf dem Gelände des ehemaligen Unfallkrankenhauses auf der Blumau errichtet wird. Der lange umstrittene Bau wird voraussichtlich bis 2011 fertiggestellt sein.

Der Power Tower der Energie AG

NÄHER BETRACHTET: ARCHITEKTURFORUM OBERÖSTERREICH

Dieses Forum am neu gestalteten Herber-Bayer-Platz, wo sich auch die Galerie Merz befindet, versteht Architektur in vielfältigen Bezügen zu Interessens- und Anspruchsgruppen unserer Gesellschaft. Das afo fungiert insofern als Promotor hoher architektonischer Qualität in Oberösterreich und als Imagebildner für Anliegen der Architektur und Baukultur. Vorträge, Ausstellungen, Tagungen sowie Wettbewerbe und Projektentwicklungen geschehen durch das afo, das immer wieder aktuelle Themen aufgreift und den Diskurs rund um Architektur in der Öffentlichkeit fördert. Das afo sieht sich als Teil eines Netzwerkes einer offenen und lebendigen Szene, insbesondere im Austausch mit anderen Kultur- und Bildungseinrichtungen, Architekten, Kunst- und Kulturschaffenden.

afo
Herbert-Bayer-Platz 1
4020 Linz
Tel.: +43(0)732/786140, www.afo.at

Schöner shoppen

Die Haushalte in Linz und im sogenannten „Speckgürtel" der Gemeinden rund um die Landeshauptstadt verfügen über eine hohe Kaufkraft, weshalb der Einzelhandel seit den 80er-Jahren kontinuierlich zulegen konnte. Für viele Experten ist es sogar rätselhaft, weshalb dieses Angebot im oberösterreichischen Zentralraum nicht nur bestehen konnte, sondern bis heute weiter ausgebaut wird. Dies gilt sowohl für die Linzer Innenstadt als auch für die Einkaufstempel in den Vororten rund um Linz.

Zu den begehrtesten Einkaufsstraßen
zählt die Landstraße im Stadtzentrum, die sicherlich die mit Abstand höchste Käuferfrequenz in Linz aufweist und im österreichweiten Vergleich nur hinter den klassischen Einkaufsstraßen Wiens rangiert. Beginnend von der Kreuzung Langgasse/Bürgerstraße bis zum Taubenmarkt kann man dank der Fußgängerzone entlang der Landstraße weitgehend vom Verkehr ungestört flanieren.
Zu finden sind dort nicht nur gängige Fashion Labels, sondern beispielsweise auch Parfümerien, Elektrofachmärkte, der Sportartikelhandel sowie zahlreiche Buchhandlungen. Die größte unter ihnen ist das Medienhaus Thalia unweit der Mozartkreuzung, wo auch ein Café zum Verweilen einlädt.

Auch die Einkaufspassagen
der Linzer Innenstadt stehen hoch im Kurs: Arkade, Mozartpassage, Passage City Center. Letzteres bietet im Sommer ein besonderes Erlebnis, denn am Dach des Einkaufszentrums befinden sich einige Lokale, die einen herrlichen Panoramablick über die Linzer Innenstadt bieten.

Auch abseits der Landstraße
kann man fündig werden. Während die Herrenstraße (parallel zur Landstraße) eine Vielzahl exklusiver Boutiquen und Feinkostläden aufweist, befinden sich in der Bischofstraße etliche Läden, die Antiquitäten und Kunsthandwerk verkaufen. Ein Abstecher in die Seitenstraßen kann also durchaus lohnend sein.

Ufos im Speckgürtel
Großen Zulauf haben auch die Einkaufstempel außerhalb von Linz, die mit Restaurants, Kinos, Diskotheken etc. das Urbane im ländlichen Raum verdichten und natürlich ebenfalls die international bekannten Markenprodukte zur Auswahl haben.
Das mit rund 75.000 m² Verkaufsfläche größte Einkaufszentrum befindet sich in der Gemeinde Pasching, die aufgrund der Umlagen zu den reichsten Orten in Österreich zählt. Die PlusCity ist nicht nur die zweitgrößte Mall des Landes und europaweit eines der profitabelsten Einkaufszentren, sondern sie bietet auch ein besonderes architektonisches Ambiente. So ist der Restaurantbereich einer italienischen Piazza nachempfunden, weshalb man hier am Markus-Platz sitzen kann, ohne von unten her nasse Füße zu bekommen oder von oben von Tauben beschmutzt zu werden.
An die mehrstöckige Einkaufsarkade grenzt außerdem ein großer Entertainment-Komplex mit Kinos, Bars und weiteren Restaurants. Der Betreiber der PlusCity entwickelt auch im Multifunktions-Komplex des Lentia 2000 seit 2007 eine Einkaufspassage.

Die Linzer Landstraße gehört zu den beliebtesten Einkaufsstraßen Österreichs.

In beinahe unglaublicher Nähe zur Paschinger PlusCity befindet sich auf dem Stadtgebiet von Leonding das Uno Shopping mit einer Verkaufsfläche von 44.000 m². Auch hier wird laufend um- und zugebaut. Während die PlusCity nachts aufgrund der bunten Neonlichter wie ein architektonisches Alien in der Landschaft wirkt, ist am Uno Shopping vor allem das „Ufo" auffällig, welches das Parkdeck überdacht. Im Inneren der Shopping Mall befindet sich neben dem Mix an Einzelhändlern auch ein gastronomisches Angebot sowie eine Diskothek, sodass das Uno Shopping auch ein Anziehungspunkt für Nachtschwärmer ist.

Gleiches gilt auch für das Infracenter in der Neuen Heimat entlang der Salzburger Straße, wo sich oberhalb des Einkaufszentrums eine komplette Nachtmeile mit unterschiedlichen Tanzlokalen befindet. Zugelegt hat in den letzten Jahren das Center Haid an der Autobahnabfahrt Traun, wo sich neben Stores wie IKEA und TOYS'R'US noch weitere große und kleinere Geschäfte angesiedelt haben.

Der Hauptplatz dient auch als Marktplatz.

NÄHER BETRACHTET: DIE LINZER MÄRKTE

Ein guter Grund, um an einem Samstag früh aufzustehen, ist der Flohmarkt am Linzer Hauptplatz, der bei jeder Witterung abgehalten wird. Von 7.00 bis etwa 14.00 Uhr findet man dort allerhand Kuriositäten. Rund 5.000 Beschicker nutzen jährlich diese Möglichkeit, um dort Kunst, Kitsch und Krempel feil zu bieten. Von November bis Februar weicht der Flohmarkt dann in den vor der Witterung besser geschützten Bereich des Vorplatzes beim Neuen Rathaus in Urfahr aus. Außerdem macht er Platz für den Christkindlmarkt, der jährlich am Hauptplatz vom vorletzten Samstag im November bis einschließlich 24. Dezember geöffnet hat und neben den Punsch- und Bratwürstlständen auch Kunsthandwerk und feine Bäckerei bietet. Zur selben Zeit befindet sich am Hauptplatz auch der schön geschmückte Linzer Weihnachtsbaum, der jedes Jahr aus einem anderen Landesteil kommt.

Profanerer Natur ist dagegen der Weihnachtsmarkt im Volksgarten, der jedoch bei den Kindern aufgrund der Märchenszenerien recht beliebt ist. Natürlich erfreut sich der zweimal jährlich stattfindende Urfahraner Markt ebenfalls großer Beliebtheit bei Kindern, aber auch Jugendlichen und Erwachsenen. Die Mischung zwischen Volksfest und Messe auf dem weitläufigen Gelände des nördlichen Donauufers bewährt sich schon seit 1817 und ist längst zu einer typischen Linzer Institution geworden, die jeweils von zwei großen Feuerwerken begleitet wird.

Der größte oberösterreichische Grünmarkt ist der Linzer Südbahnhofmarkt in der Nähe des Europaplatzes. Auf dem Bahnhofsgelände der früheren Pferdeeisenbahn Budweis – Linz – Gmunden findet man heute so gut wie alle saisonalen Köstlichkeiten der Region sowie Delikatessen aus aller Welt. Ein morgendlicher Streifzug entlang der Marktstände ermöglicht auch einen Einblick in das Gemüt der Linzer.

Kurioses und Eigenartiges

1. Ein maroder Nager
Er ist wohl das bedauernswerteste Linzer Unikum: der „Kranke Hase", der sich in der Grottenbahn am Pöstlingberg befindet und mittlerweile so etwas wie Kultstatus erreicht hat. Jeder Fahrgast der unterirdischen, bei Kindern so beliebten Zwergenwelt auf dem Linzer Berg-Wahrzeichen kennt ihn – denn immerhin wird der Mitleid erweckende Patient mit verbundener Pfote dreimal pro Fahrt passiert. Der „Kranke Hase" bekommt im Rahmen von Linz09 eine besondere Rolle zugedacht.

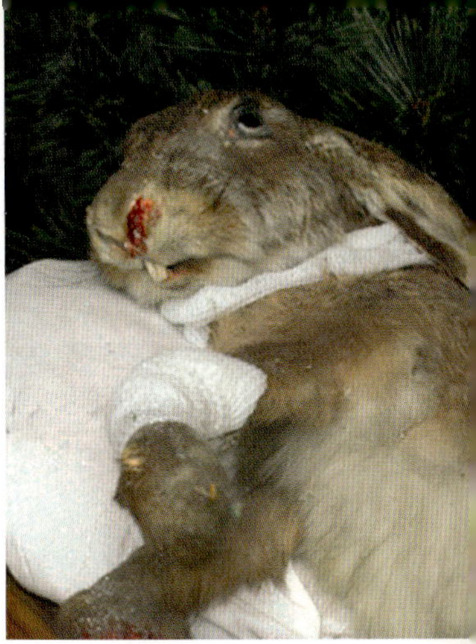

Der kranke Hase vom Pöstlingberg

2. Vergoldete Kopfbedeckungen
Besonders wertvoll sind die Kopfbedeckungen mancher Linzerinnen. Denn diese bestehen sogar aus Gold. Das Tragen von kunstvoll gestickten Goldhauben zählt zu den typischen Traditionen in Oberösterreich. Zu besonderen Anlässen, wie beispielsweise dem Ursulakirtag, werden diese Kopfbedeckungen gemeinsam mit der Landestracht stolz getragen und machen die „schöne Linzerin" – von der bereits Goethe ins Schwärmen geraten ist – noch eine Spur attraktiver.

3. Die Mega-Schneekanone
Eine weitere Besonderheit von Linz ist ein Klimaphänomen, das hin und wieder im Winter zu beobachten ist: Trotz trockenem Wetter beginnt es in manchen Stadtteilen von Linz plötzlich zu schneien. Dieses Phänomen ist als Industrieschnee bekannt, der ähnlich erzeugt wird wie bei einer Schneekanone in den Wintersportgebieten. Der aufsteigende Dampf, der bei der Produktion von Eisen und Stahl entsteht, gefriert und fällt als feiner Pulverschnee wieder herab. Untersuchungen zufolge ist der Industrieschnee gesundheitlich völlig unbedenklich, zumal in den letzten Jahren sehr viel in den Umweltschutz investiert wurde.

4. Auf den Zahn gefühlt
Im Alten Rathaus der Stadt Linz befindet sich neben „Linz Genesis" ein weiteres kleines, aber feines Museum: Das Zahnmuseum, worin Exponate von 1700 bis zur Gegenwart ausgestellt sind und die Entwicklung der Zahnheilkunde dokumentieren. Zu sehen sind u. a. ein Baderstuhl, eine Fußtretbohrmaschine sowie frühe Röntgengeräte und andere zahntechnische Apparaturen, die in liebevoller Kleinarbeit zusammengetragen wurden. Besonders „gruselig" wirken die heute undenkbaren Kronen und Prothesen, die in Vitrinen ausgestellt wurden.

www.zahnmuseum-linz.at

5. Weinbau wie in Grinzing
Dass sich die Linzer an den Klimawandel anpassen, zeigt sich darin, dass am Stadtrand Wein angebaut wird. So befindet sich im Stadtteil Keferfeld eine kleine Anbaufläche, die zum Weinhof Schenkenfelden gehört, während es in Leonding am Gaumberg einen richtigen Weinberg mit rund 14.000 Rebstöcken und dazugehöriger Schenke gibt. Auch nördlich der Donau am Haselgraben wächst ein guter Tropfen, der ebenfalls vor Ort verkostet wird. Generell sind die Linzer aber wohl eher dem Bier oder der so genannten „Landessäure", dem Most, zugetan.

6. Im Keller zum Lachen
Den Linzern wird aufgrund ihres tief- und zum Teil auch abgründigen Humors gerne nachgesagt, dass sie zum Lachen in den Keller gehen. Dafür gibt es in der Stadt auch ausreichend Platz, denn ein ausgedehntes Stollensystem wurde als Lager für die ehemalige Aktienbrauerei unterhalb des Botanischen Gartens angelegt. Der sogenannte Aktienkeller wurde im 2. Weltkrieg als Luftschutzkeller ausgebaut und später für die Zucht von Champignons verwendet. Heute kann man Führungen durch dieses eindrucksvolle Gangsystem machen. 2008 fand dort im Vorfeld der Kulturhauptstadt-Aktivitäten auch die viel beachtete Ausstellung „Tiefenrausch" statt.

www.linz.at/tourismus/tourismus_fuehrungen

7. Raubtiere vor dem Bahnhof
Die beiden Löwen vor dem Bahnhof sind ein guter Treffpunkt für Verabredungen und gehören daher fix zur Fauna der Landeshauptstadt. Im Zuge des Neubaus des Linzer Bahnhofes mussten sie die Stadt eine Zeit lang verlassen und sind aufgrund ihrer NS-Vergangenheit auch in Diskussion geraten. Auch Künstler haben sich mit den beiden Objekten befasst. So wollte die Bildhauerin Barbara Larcher den beiden männlichen Löwen einen Strampelanzug in Pink verpassen. Trotz der Erinnerungen an dieses dunkle Kapitel der Vergangenheit wurden die Löwen erneut gegenüber dem Eingangsbereich des Bahnhofes aufgestellt.

8. Nutzlose Türme
Erzherzog Maximilian Joseph von Österreich-Este ließ aufgrund der Erfahrungen aus den Napoleonischen Kriegen eine Befestigungsanlage rund um Linz errichten, die u. a. aus einer Linie von Türmen und einem Fort auf dem Pöstlingberg bestand. Die sogenannten „Türme", die mehr breit als hoch sind, wurden jedoch bereits 20 Jahre nach ihrer Errichtung aufgegeben, da sie mit den damals neuen militärischen Entwicklungen nicht mehr mithalten konnten. Im Bosnienfeldzug 1878 dienten Turm 9 und 10 als Kriegsgefangenenlager. Im 1. Weltkrieg wurde Turm 9 als Munitionslager verwendet, weshalb die Objekte auch unter der Bezeichnung „Pulverturm" bekannt sind. Der Turm 9 in Leonding dient heute als Stadtmuseum.

9. Linz zum Abschied
Wie in anderen größeren Städte, gibt es auch in Linz große Flächen, die dem Tod gewidmet und für erholsame Spaziergänge geeignet sind. Einer der schönsten Friedhöfe ist der Urnenhain in Urfahr, der 92.000 m² Fläche aufweist. Dieser Waldfriedhof ist auch Standort eines der modernsten Krematorien Europas. Dieses Gebäude verfügt u. a. über eine Sargkühlung und eine Verabschiedungshalle mit 180 Sitzplätzen und ist hinsichtlich seiner Architektur sicherlich einmalig.

Zum Brüllen: die Löwen vor dem Hauptbahnhof

10. Eine alte Torte und ausgestochene Augen

Zu den unverwechselbaren Dingen gehört zunächst sicher einmal die Linzer Torte, welche die Stadt weit über die Grenzen des Landes hinaus bekannt gemacht hat. Die Linzer Torte wird von vielen deshalb geschätzt, weil sie nicht zu süß, sondern leicht herb im Geschmack ist. Darüber hinaus gehört zum „Erfolgsrezept" der Linzer Torte auch der Umstand, dass sie lange haltbar ist und leicht in die ganze Welt verschickt werden kann. Insofern ist die Linzer Torte ein ideales Exportprodukt und Mitbringsel. Sie ist daher auch auf einem Sujet für das Kulturhauptstadtjahr zu finden.

Die Mürbteigbäckerei gilt als die älteste Torte der Welt und wurde bereits im Jahr 1653 namentlich erwähnt. Kaiserin Sisi soll dieser süßen Versuchung sehr oft erlegen sein. Aufgrund ihrer Beliebtheit gibt es mittlerweile auch viele Variationen die von der „Original Linzer Torte" abweichen. So wird beispielsweise statt der üblichen Ribiselmarmelade mitunter auch Kirschmarmelade verwendet. Die Ribiselmarmelade findet sich außerdem in einer weiteren Spezialität der Stadt, dem Linzer Auge, einem kreisförmigen Keks, der mit Staubzucker bestreut wird und ausgestochene „Augen" bzw. Löcher aufweist.

Berühmt wie Anton Bruckner: die Linzer Tor

NÄHER BETRACHTET: LINZ ZUM SELBERBACKEN

Das Rezept für die Linzer Torte:

300 g Ribiselmarmelade (rote Johannesbeeren)
250 g Mehl, 150 g Staubzucker
150 g Butter
100 g geröstete Haselnüsse
10 g Backpulver, 1 Hühnerei
Gewürze wie Vanille, Zitrone, Nelkenpulver und Zimt

Den Zucker mit der Butter verkneten und das gesiebte, mit Backpulver vermischte Mehl, die Nüsse, Eier und Gewürze hinzufügen. Den fertigen Mürbteig kaltstellen, nach einiger Zeit aus dem Kühlschrank nehmen und vierteln. 3 Viertel des Teiges werden auf rund 1,5 cm ausgerollt, um einen Tortendurchmesser von etwas mehr als 20 cm zu erhalten. Die Ribiselmarmelade kann nun aufgestrichen werden. Das restliche Viertel wird zu Röllchen geformt und als Gitter und Begrenzung auf die Marmelade gelegt. Schließlich ist die Torte mit Ei zu bestreichen, und die Ränder werden mit gehobelten Mandeln bestreut. Die Backzeit beträgt 45 Minuten bei etwa 190 Grad.

Das Rezept für Linzer Augen:
300 g Mehl
200 g Butter
100 g Staubzucker
1 Hühnerei
1 Packung Vanillezucker
Die Schale einer halben Zitrone
Staubzucker zum Bestreuen

Die Butter wird in kleine Stücke gehobelt und mit dem Mehl vermengt. Der Zucker, das Ei, der Vanillezucker und die Zitronenschale werden beigemengt und rasch zu einem glatten Teig verarbeitet. Die Masse rastet etwa 30 Minuten im Kühlschrank.
Danach wird der Teig etwa 3 mm dick ausgerollt. Kreise mit gelapptem Rand werden ausgestochen; bei der Hälfte dieser Kreise sind mittig drei kreisförmige Löcher zu stechen. Die Kekse werden im vorgeheizten Rohr bei rund 200 Grad rund 10 Minuten lang gebacken.
Nach dem Auskühlen ist der Boden mit Ribiselmarmelade zu bestreichen. Die Kekse werden nun zusammengesetzt und mit Staubzucker bestreut.
Richtig gut schmecken die Linzer Augen, nachdem sie nach etwa ein bis zwei Wochen mürbe geworden sind.

Viele weitere Rezepte finden Sie im Band „Oberösterreichische Spezialitäten" aus der beliebten Kochbuch-Reihe KOMPASS Küchenschätze (ISBN 978-385026-005-3)

Linz kulinarisch

Die Linzer Küche ist traditionell von einfachen und eher nahrhaften Gerichten geprägt. Typisch dafür: Rindsuppen mit Einlagen, Knödel, Braten, Würstel und natürlich der Leberkäse. Zum Trinken wird gerne Most serviert, der aus den Äpfeln und Birnen der Gegend vergoren wird. Darüber hinaus werden in Oberösterreich auch zahlreiche Biersorten gebraut.
Durch die kulturellen Veränderungen der Stadt bzw. des Zusammentreffens unterschiedlicher Klassen und Kulturen hat sich auch die Küche verändert. So hat beispielsweise die einfache Hausmannkost höhere Weihen empfangen, ist en vogue geworden und wird gerne mit anderen Einflüssen kombiniert.

Ein Beispiel dafür ist der Leberkäse, der in Oberösterreich zu einer regelrechten Delikatesse hochstilisiert wurde. In Linz gehört man daher erst dann zur Community, wenn man zumindest einmal beim „Leberkaspepi" eingekehrt ist (Rathausgasse und Hauptbahnhof Linz, Bäckerfeld Leonding). Neben Klassikern, wie dem Pferdeleberkäse erhält man dort auch Puten-Joghurt-Leberkäse oder Spinat-Knoblauch-Leberkäse. Die Linzer Produkte werden mittlerweile auch in London verkostet.

Das Einfache und das Puristische sind schick geworden und werden in Linz auch architektonisch gekonnt in Szene gesetzt. Beispielhaft dafür sind Haubenlokale wie das Herberstein (Altstadt 10) und Prielmayers (Weissenwolffstraße 33), aber auch die vegetarische PAA Restaurant Lounge (Altstadt 28), die von Horst Fischer sehr ansprechend in den alten Räumlichkeiten geplant wurde.

Das größte Angebot an Restaurants und Bars herrscht rund um den Hauptplatz bzw. in der Linzer Altstadt und entlang der Donaulände. Hier gibt es neben italienischen und griechischen Lokalen auch ausgezeichnete chinesische und japanische Kost – z. B. im japanischen Haubenlokal Chizuru (Donaulände 21 – 25), in der Goldenen Pagode (Adalbert-Stifter-Platz 2) oder im Fu-Cheng Noodlehouse (Untere Donaulände 16 a).
Entlang der Donaulände, gegenüber dem Lentos, befindet sich mit dem Steakhouse ein ebenfalls sehr empfehlenswertes Restaurant (Untere Donaulände 12).
Wer US-amerikanische oder mexikanische Küche schätzt, wird darüber hinaus im Los Caballeros (Landstraße 32) gut aufgehoben sein. Unter den iltalienischen Restaurants ist mit der Trattoria Da Giuseppe (Herrenstraße 23) ein weiteres Haubenlokal zu nennen. Sehr empfehlenswert ist auch das Amici (Verlängerte Kirchengasse 15) in Urfahr, gleich in unmittelbarer Nähe der Linzer Touristeninformation am Jahrmarktgelände.

Natürlich gibt es in Linz und Umgebung auch eine Reihe an „urigen" Gasthäusern, wo man regionale Gerichte bekommt und das typische Flair der Stadt genießen kann. In der Innenstadt sind es beispielsweise die Leopoldi-Stub'n (Adlergasse 6), wo man im ersten Stock hervorragende Hausmannskost zu günstigen Preisen bekommt.
Weitere Lokale wären das Etagenbeisl (Domgasse 8) und das Stieglbräu zum Klosterhof (Landstraße 30), der auch über einen schattigen Gastgarten mitten in der Linzer Innenstadt verfügt.

Schöne Gastgärten
bieten auch das Urbanides (Rudolfstraße 11), das Wurminger (Wurmstraße 20), die neben regionaler auch mediterrane Küche auf dem Speiseplan haben. Etwas außerhalb sind u. a. das Gasthaus zur Ewigen Ruh (Friedhofstraße 12) und das Wirtshaus zur Schießhalle (Waldeggstraße 116) zu erwähnen.

Auf dem Pöstlingberg,
dem Hausberg und beliebten Ausflugsziel der Linzer, befinden sich ebenfalls etliche empfehlenswerte Restaurants. Das Pöstlingberg Schlössl (Am Pöstlingberg 14) begeistert dabei nicht nur mit ausgezeichneter Küche, sondern auch mit einer atemberaubenden Aussicht auf die Stadt. Zum gemütlichen Sitzen im Freien lädt der Freiseder-Wirt ein (Freisederweg 2).

Süße Versuchungen
Freunde der Kaffeehauskultur finden in Linz zahlreiche Lokale. Das bekannteste Kaffeehaus ist das Traxlmayer (Promenade 16). Die dortige Atmosphäre kann durchaus mit denen der bekannten Wiener Kaffeehäuser mithalten. Nicht weit davon befindet sich das Hotel Drei Mohren (Promenade 17) mit einem feudalen Kaminzimmer im ersten Stock, das ideal für kleine Besprechungen geeignet ist.
Kaiserlich geht's in der K & K Hofbäckerei Rath (Pfarrgasse 17) zwischen Haupt- und Pfarrplatz zu (1371 als Bäckerzunfthaus erstmals urkundlich erwähnt). Das nahe Café Meier (Pfarrplatz 7) wird auch gerne zum Frühstücken aufgesucht. Klingende Namen tragen die Konditoreien Jindrak (Stammhaus: Herrenstraße 22-24) und Wrann (Lederergasse 88), wo man u. a. Linzer Torte und andere regionale Versuchungen süßer Natur erhält. Während der Faschingszeit gibt es dort auch vorzügliche Krapfen.

Kräftige Knödel-Kost

NÄHER BETRACHTET: DER „WARME HANS"

Ein Treffpunkt für Nachtschwärmer ist der „Warme Hans", der Imbiss-Stand an der Linzer Kunstuniversität am Hauptplatz bzw. am Brückenkopf der Nibelungenbrücke (Hauptplatz 8).
Abgesehen vom ausgezeichneten „Fast Food" traditioneller Art wie Frankfurter und Käsekrainer, erfreut sich der „Warme Hans" auch deshalb derart großer Beleibtheit, weil er bis in die frühen Morgenstunden geöffnet hat. So treffen sich dort Menschen unterschiedlichster Herkunft, wie Ballbesucher, Punks und Leute, die nach den Überstunden in der Firma noch einen warmen Happen zu sich nehmen wollen. Ein besonderer Tipp: Die hervorragenden Pustalaibchen.

Blick vom Freinberg auf Linz: links der Stadtteil Urfahr, rechts die Innenstadt

Linz aktiv

Schon Goethe verehrte eine schöne Linzerin (Marianne von Willemer).

Da sich die oberösterreichische Landeshauptstadt Linz im Herzen Europas befindet, ist es kaum vorstellbar, dass dieses Gebiet während der Urzeit an der Küstenlinie eines tropischen Meeres lag. Davon zeugen auch Fossilien wie Haifischzähne, die in den Ablagerungen des ehemaligen Tethysmeeres beispielsweise in Plesching bei Linz gefunden werden können.

Entlang dieser früheren Küstenlinie mit dem Massiv der Böhmischen Masse als ältestem Gebirge Österreichs schlängelt sich heute die Donau, an deren Ufer sich ausgedehnte Auwälder entwickelten, die den Linzern heute als Naherholungsgebiet dienen. Daneben erheben sich einige „Stadtberge", welche sich ebenfalls großer Beliebtheit als stadtnahe Erholungsräume und „Aktiv-Gebiete" für Freizeitsportler erfreuen. Einige Seen, die in alten Schottergruben entstanden sind, haben Linz sogar ein kleines Stück seines ehemaligen Flairs als „Badeort" zurückgegeben.

Die Linzer Lungen

Die Stadt Linz besitzt im Norden mit dem Pöstlingberg, dem Pfenningberg, dem Luftenberg und im Osten mit dem an den Leondinger Kürnberg angrenzenden Zaubertal einen herrlichen Grüngürtel, der für Spaziergänge und Wanderungen bequem erreichbar ist.

In der Innenstadt
befinden sich – abgesehen von Parks wie dem Volksgarten, dem Schillerpark und dem Donaupark – große geschlossene Grünanlagen am Linzer Bauernberg und am Freinberg.
Besonders erwähnenswert ist in diesem Zusammenhang der Botanische Garten der Stadt Linz auf der Gugl.

Ein Stück weiter oben am Freinberg
erwarten die Spaziergänger ebenfalls schöne und gepflegte Parkanlagen sowie ein herrlicher Blick auf die Stadt Linz. Die beste Übersicht über die Stadt und das Umland erhält man von der Franz Josef Warte aus.

Im Süden der Stadt
wurde mit dem Wasserwald zwischen den Stadtteilen Spallerhof und Kleinmünchen ein großzügiger Park geschaffen, der für Freizeitaktivitäten hervorragend geeignet ist. Ein neuer Anziehungspunkt für Spaziergänger ist auch das begrünte „Dach" der Autobahnüberbauung, wodurch zwischen den Stadtteilen Bindermichl und Spallerhof ein großer Park entstand.

Das Biologiezentrum des Landes OÖ
beherbergt die größte naturkundliche Sammlung Oberösterreichs, veranstaltet interessante Ausstellungen und bietet spezifische Programme für Familien, Schulen und Pädagogen.

Johann-Wilhelm-Klein-Str. 73,
4040 Linz-Dornach
Tel. +43(0)732 / 759733-0
www.biologiezentrum.at

Idylle am Weikerlsee

Die Baggerseen

Der wohl beliebteste dieser Wasserflächen ist der Pichlingersee, der im Südosten von Linz, zwischen dem Stadtteil Ebelsberg und Asten, liegt. Er wird gern von Schwimmern, Radfahrern, Joggern, Inlineskatern sowie von Campern angesteuert. Wer nicht gerade im Hochsommer am Wochenende dort hinkommt, wird eine ruhige Oase vorfinden, wo sich höchstens ein paar Schulschwänzer, Angler und Pensionisten aufhalten. Sie alle genießen ein Stück künstlich angelegter Natur, das sich auch bei den Wasservögeln zunehmend großer Beliebtheit als Nistplatz erfreut.

Sucht man das Naturerlebnis,
dann ist man bei den Weikerlseen südwestlich der Traunmündung am besten aufgehoben. Das rührt nicht nur daher, dass dort auch das Nacktbaden erlaubt ist, sondern auch daher, dass die Ufer dicht mit Schilf und Auwald bewachsen sind. Dies gilt vor allem für den großen Weikerlsee, während der kleine durch den Bau der SolarCity zu einer Art Swimming-Pool für die Bewohner des neuen Stadtteils wurde. Aufgrund der Naturbelassenheit kann man im Sommer dort nicht nur Vögel, sondern auch viele kleine und lästige Blutsauger bei der Nahrungssuche beobachten.

Auch nördlich der Donau,
im Stadtteil Plesching südöstlich von Urfahr, befindet sich ein Badesee. Vom Stadtzentrum aus kann man den Pleschingersee bequem zu Fuß oder mit dem Fahrrad entlang der Donau erreichen. Hier wurden ebenfalls zahlreiche Maßnahmen zur Renaturierung und zum Schutz der Artenvielfalt gesetzt.

Tel. +43(0)732/7070-1777, www.linz.at

Auch das Lisztäffchen fühlt sich im Linzer Tiergarten wohl.

Der Linzer Tierpark

liegt noch innerhalb des Stadtgebiets, etwa auf halbem Weg zum Pöstlingberg. Von hier aus genießt man auch einen schönen Blick auf die Stadt und die Donau. Rund 600 Tiere leben in diesem wissenschaftlich geleiteten Park. Darunter befinden sich u. a. Äffchen, Nasenbären und Kamele, letzteren sollte man allerdings nicht zu nahe kommen. Darüber hinaus gibt es ein Terrarium mit exotischen Schlangen, Echsen und possierlichen Spinnen.

Öffnungszeiten: 1. April – 31. Oktober täglich 09.00 Uhr – 18.00 Uhr; 1. November – 31. März täglich 10.00 Uhr – 16.00 Uhr
Der Tiergarten ist am 1. November, 24.,25., 26., 31. Dezember und 1. Jänner geschlossen.

Hunde dürfen an der kurzen Leine mitgeführt werden.

Windflachweg 1, Eingang Hohe Straße, 4040 Linz
Tel.: +43(0)732 / 737180
www.zoo-linz.at

Der Pöstlingberg

Auf zum „Zwergelschneuzen"!

Damit meinen die Oberösterreicher einen Ausflug zur Grottenbahn mit ihren Zwergenmotiven auf dem Pöstlingberg, dem 540 m hohen Hausberg der Stadt Linz.

Die Wallfahrtskirche auf demPöstlingberg
gilt als das bekannteste Wahrzeichen von Linz, weil sie mit ihren beiden Türmen weithin sichtbar ist. Anno 1716 brachte ein Bruder des Urfahrer Kapuzinerklosters am Wetterkreuz auf dem Pöstlingberg eine Pietà an. Bald kamen die ersten Pilger dorthin. 1720 entstand eine Holzkapelle und zehn Jahre später ein kleines Gotteshaus aus Stein – 1748 wurde die heutige Kirche eingeweiht. 1964 wurde die Kirche zur päpstlichen Basilica minor erhoben.
Die Wallfahrtskirche ist zweimal den Flammen zum Opfer gefallen: Im Jahr 1919 durch einen Blitzschlag und 1963 durch eine Lötlampe. Sie wurde jedoch immer wieder aufgebaut und wird laufend mit Spendengeldern renoviert.

Die Grottenbahn
fährt seit 1906 ganz in der Nähe der Wallfahrtskirche durch die unterirdischen Gänge des alten Maximilianischen Forts. Der elektrisch betriebene Express mit dem feuerspeienden Drachen Lenzibald sowie die Zwerge und Märchenfiguren, die sich dort unter einem unterirdischen Sternenhimmel in einer Miniaturnachbildung der Stadt tummeln, lassen nicht nur Kinderherzen höher schlagen.

Am bequemsten
erklimmt man den Pöstlingberg mit dem Pöstlingberg-Bus der Linz AG Linien. Voraussichtlich ab dem Sommer 2009 ist auch die Pöstlingbergbahn wieder in Betrieb. Die 1898 eröffnete Schienenstrecke fand als steilste Adhäsionsbahn Europas Eingang ins Guiness-Buch der Rekorde.
Sie überwindet auf einer Länge von 2,9 km einen Höhenunterschied von 255 m. Nach Umbauarbeiten fährt sie ab Sommer 2009 direkt vom Linzer Hauptplatz auf den Berg.

Oben angekommen
erwartet die Besucher ein herrlicher Blick auf die Stadt Linz, das Alpenvorland und bei klarer Sicht bis zu den Alpen. Dieses Panorama öffnet sich erst seit dem Jahr 1809, in dem französische Soldaten den Gipfel abholzten, um Schanzenanlagen zu errichten.
Am besten genießt man die Aussicht heute im Restaurant des Pöstlingberg Schlössl, das sich unterhalb der Wallfahrtskirche befindet.

Hinunter
geht man am besten auf dem Kreuzweg. Dieser beliebte Wanderweg ist im Winter – bei entsprechender Schneelage – hervorragend zum Rodeln geeignet. In früheren Zeiten wurden dort Skirennen ausgetragen und es gab sogar eine Sprungschanze. Auch gegenwärtig werden immer wieder Vorschläge diskutiert, diesen Abhang im Winter künstlich zu beschneien und für Sportevents zu nutzen.
An der fünften Station des Kreuzweges plätschert das sagenhafte „Heilige Bründl" in einer Naturgrotte. Die kurze Wanderung endet schließlich in Linz-Urfahr beim Petrinum, von wo es nicht mehr weit in das Zentrum der Stadt ist.

Fantasie auf Schienen: die Linzer Grottenbahn auf dem Pöstlingberg

Linzikon

Linz von A bis Z im Spiegel der Gegenwart

Aktuelle Informationen über Linz: www.linz.at/tourismus
Kulturhauptstadt 2009: www.linz09.at
Oberösterreich Tourismus: www.oberoesterreich.at
Werbegemeinschaft Donau: www.danube.at

Tourist Information Linz
am Hauptplatz, 4020 Linz
November – April Mo – Fr 8.00 – 18.00 Uhr, Sa, So, Fei 10.00 – 18.00 Uhr; Mai – Oktober Mo – Fr 8.00 – 19.00 Uhr, Sa, So, Fei 10.00 – 19.00 Uhr

Tourismusverband Linz
Urfahrmarkt 1, 4040 Linz,
Tel.: +43(0)732/7070/2921,
E-Mail: tourismusverband@linz.at,
www.linz.at/tourismus

Magistrat
der Landeshauptstadt Linz
Hauptstraße 1-5, 4041 Linz

Bürgerservice Center
Tel.:+43(0)732/7070,
E-Mail: info@mag.linz.at
www.linz.at

Apotheken

Die Apothekendienste sind in den Tageszeitungen nachzlesen.

Auskünfte erhält man auch von den Rettungsorganisationen
Tel.: +43 (0)732 / 2124 oder 7644-0 sowie durch die Rettungsleitzentrale Tel.: +43 (0)732 / 2144

Bahnhöfe

Hauptbahnhof
Bahnhofplatz 3-6, 4020 Linz
Tel.: +43 (0)732 / 93000-3185, -3186
www.oebb.at

Mühlkreisbahnhof im Stadtteil Urfahr
Kaarstraße 18, 4040 Linz
Tel.: +43 (0)732 / 93000-3126 oder Zugauskunft 05 / 1717
www.muehlkreisbahn.at

ÖBB Auskunft allgemein
Tel.: 05 / 1717
www.oebb.at

Campingplätze

Der größte Campingplatz befindet sich am Pichlingersee.

Öffnungszeiten: von März bis Oktober
4030 Linz, Wiener Straße 937
Tel.: +43 (0)732 / 305314
Fax: +43 (0)732 / 305314-4
www.camping-linz.at

Darüber hinaus ist das Campen im Zelt auch am Pleschingersee möglich.

Öffnungszeiten: von Anfang Mai bis Mitte September
4040 Linz, Seeweg 11
Tel.: +43 (0)732 / 247870
Fax: +43 (0)732 / 247870-4
Email: office@restaurant-kolmer.at

City

Monatsmagazin für Linz, Wels und Steyr (Infos, Veranstaltungstipps).

www.city-magazin.at

Donauschifffahrt

Die Donau verbindet Linz mit anderen großen Städten Mittel- und Osteuropas sowie mit einzigartigen Kultur- und Naturlandschaften, wie beispielsweise der Wachau, die zum Weltkulturerbe erhoben wurde. So sind von Linz aus Linien-, Ausflugs- und Themenfahrten möglich. Eines der Highlights ist dabei eine Fahrt mit dem historischen Raddampfer Schönbrunn, der 1912 in Betrieb genommen wurde. Die Schönbrunn ist das älteste mit Dampf betriebene Schiff Europas und lässt auch heute noch das Flair der K & K-Zeit verspüren.

ÖGEG – Dampfschiff Schönbrunn
Tel. +43 (0)664 / 5013068 (Herr Hoffmann)
Anlegestelle: Urfahrmarktgelände
www.oegeg.at

Donauschifffahrt Wurm+Köck
Untere Donaulände 1, 4020 Linz.
Tel. +43 (0)732 / 783607
Anlegestellen: beim Lentos Kunstmuseum
www.donauschiffahrt.de

Eishalle

Die neu errichtete Donaupark Eishalle befindet sich beim Parkbad.

Untere Donaulände 11
Die Saison beginnt im September und dauert bis Ende März.
Öffnungszeiten: Di 8.00 – 14.00 Uhr, Mi 8.00 – 13.00 Uhr, Fr 8.00 – 14.00 Uhr, Sa 14.00 – 20.00 Uhr, So/Feiertag 9.00 – 20.00 Uhr
Tel.: +43 (0)732 / 3400-6631

Feste & Events

Linz Fest
Musik, Kleinkunst, Literatur, Kinderprogramm, Museumsführungen und Kulturpicknick.
Zu Pfingsten – bei freiem Eintritt.
www.linzfest.at

Das Linzer Pflasterspektakel
Festival der internationalen Straßenkunst und Kreativität – Clownerie, Akrobatik, Pantomime, Feuerperformances, Straßenmalerei und Theater.
Im Juli in der Innenstadt
www.pflasterspektakel.at

„Wein & Kunst“
im September in der Altstadt.

Urfahraner Markt
Österreichs ältester Jahrmarkt
Im Frühjahr und im Herbst auf den Jahrmarkstgelände neben der Donau in Urfahr
www.linz.at

Sylvesterparty
auf dem Hauptplatz
www.linz.at

Flughafen

Der Flughafen „Blue Danube Airport“ liegt in Pasching, südwestlich von Linz. Man erreicht ihn nicht nur per Taxi, sondern auch mit dem Zug.

Kostenlose Shuttle-Verbindung
zwischen Flughafen und Bahnhof Hörsching (Dauer: 3 Minuten). Weiter mit dem Zug nach Linz, der von 5-22 Uhr stündlich verkehrt (Dauer: 10 Minuten). Der Shuttle-Service gilt auch für die Rückreise. Dabei ist der Fahrdienstleiter am Bahnhof zu informieren, der den Shuttle bestellt.

Das Kristallschiff legt auch in Linz an.

Sport und Spannung sind auf der Linzer Gugl am Froschberg zu Hause (Stadion)

Blue Danube Airport Lines:
Mit diesem Bus gelangt man bequem und schnell zum Flughafen

Blue Danube Airport Lines und Ryanair Shuttle
www.oebb.at
Flughafenschnellservice, Info-Hotline Tel.: +43 (0)7221 / 600-1101 oder -1151

Glockenspiel

Die aus 19 Glocken bestehende Klanganlage im Haus am Hauptplatz 18 wurde vom Kiwanisclub gestiftet.
Das Glockenspiel ist täglich um 11.00, 14.00 und 17.00 Uhr etwa vier Minuten lang in Betrieb und spielt Werke oberösterreichischer Komponisten sowie jahreszeitlich bezogene Musikstücke.

Historische Bahnen

Neben der Pöstlingbergbahn bieten auch die schmalspurige Florianerbahn in St. Florian sowie die Pferdeeisenbahn in Rainbach bei Freistadt im Mühlviertel Bahn-Nostalgie. Beide wurden für touristische Zwecke wieder zu neuem Leben erweckt.
Sehr schön ist auch eine Fahrt mit der Mühlkreisbahn – vom Mühlkreisbahnhof in Urfahr nach Aigen-Schlägl.

www.florianerbahn.at
www.pferdeeisenbahn.at
www.oebb.at

Internet

Linz sieht sich als ein Zentrum neuer Medien, weshalb schon bald mit der Errichtung von W-LAN-Zonen begonnen wurde, die kostenlos genutzt werden können. Wo Sie im Stadtbereich diese „Hotspots" finden, erfahren Sie unter

www.linz.at/hotspot_Portal

Johannes-Kepler-Sternwarte

Die im Jahr 1983 eröffnete Sternwarte am Fuße des Linzer Freiberges wurde nach dem berühmten Astronomen Johannes Kepler benannt, der ab 1612 in Linz lebte und

als Protestant die Stadt im Jahr 1626 wieder verlassen musste. Die Johannes-Kepler-Sternwarte verfügt über ein Spiegelteleskop sowie über diverse lichtempfindliche Aufnahmegeräte. Die Linzer Astronomische Gemeinschaft bietet meist am Freitag Führungen an.

www.sternwarte.at

Kinos

Cinematograph
Obere Donaulände 51, 4020 Linz
Tel.: +43 (0)732 / 785603
www.cafecinematograph.at

Cineplexx World Linz
Prinz-Eugen-Straße 22, 4020 Linz
Tel.: +43 (0)732 / 663030
www.cineplexx.at

City Kino
Am Graben 30, 4020 Linz
Tel.: +43 (0)732 / 776081
www.moviemento.at

Kuddelmuddel Kinder-Kino
Langgasse 13, 4020 Linz
Tel.: +43 (0)732 / 600444
www.kuddelmuddel.at

Moviemento
Dametzstraße 30, 4020 Linz
Tel.: +43 (0)732 / 784090-50
www.moviemento.at

Linzer City Ticket

Das Linzer City Ticket ist ein attraktives Erlebnispaket, das verschiedenste Vergünstigungen und Gutscheine enthält und auch als Geschenk geeignet ist. Das Linzer City Ticket ist als Premium- und Junior-Version erhältlich.

Museumskarte

Diese Eintrittskarte zum Preis von 12 Euro berechtigt zum einmaligen Eintritt in zwölf Museen. Darunter befinden sich das Schlossmuseum, das Stadtmuseum Nordico, die Landesgalerie, das AEC sowie das Lentos Kunstmuseum.

Das Linzer City Ticket und die Museumskarte erhalten Sie beim Tourismusverband Linz, Urfahrmarkt 1, 4040 Linz, Tel.: +43 (0)732/ 7070/2921, www.linz.at/tourismus

Museen und Kulturzentren im Überblick

Ars Electronica Center
Medien-Kultur in neuer Architektur am Brückenkopf in Urfahr.

Hauptstraße 2, 4040 Linz
Öffnungszeiten: Di, Mi, Fr 09.00 – 17.00 Uhr, Do 9.00 – 21.00 Uhr, Sa, So 10.00 – 18.00 Uhr.
www.aec.at

Brucknerhaus
Das Konzerthaus an der Donau mit dem international gastierenden Brucknerorchester.

Untere Donaulände 7, 4010 Linz
Tel. +43 (0)732 / 7612-0
www.brucknerhaus.at

Kuddelmuddel
Das Zentrum für Kinderkultur.

Langgasse 13, 4020 Linz
Tel. +43 (0)732 / 60 04 44
www.kuddelmuddel.at

Landeskulturzentrum Ursulinenhof
Das Ausstellungs- und Veranstaltungszentrum im Herzen von Linz.

Landstraße 31, 4020 Linz
www.ursulinenhof.at

Landestheater
Die Landesbühne am Fuße des Römerbergs garantiert spannende und unterhaltsame Abende.

Promenade 39, 4020 Linz
www.landestheater-linz.at

Heimische Künstler präsentieren sich in der

Lentos Kunstmuseum
Bedeutende Sammlung zeitgenössischer Kunst und Ausstellungen in einem markanten Bau an der Donaulände.

Ernst-Koref-Promenade 1, 4020 Linz
Öffnungszeiten: täglich von 10.00 – 18.00 Uhr, Do 10.00 – 21.00 Uhr geöffnet. Am 24. und 25. Dezember 2008 ist das Museum geschlossen, am 31. Dezember ist es von 10.00 – 16.00 Uhr geöffnet.
www.lentos.at

Museum Francisco-Carolinum
Die Landesgalerie der oberösterreichischen Landesmuseen.

Museumstraße 14, 4010 Linz
Öffnungszeiten: Di – Fr 9.00 – 18.00 Uhr, Sa, So und Feiertag 10.00 – 17.00 Uhr, Mo geschlossen.
www.landesgalerie.at

galerie in der Museumsstraße.

OK Offenes Kulturhaus OÖ
Moderne und experimentelle Kunst.

OK-Platz 1, 4020 Linz
Öffnungszeiten: Mo – Do 16.00 - 22.00 Uhr, Fr 16.00 - 24.00 Uhr, Sa 10.00 - 24.00 Uhr, So 10.00 - 22.00 Uhr . Am 24. und am 31. Dezember ist das OK geschlossen.
www.ok-centrum.at

Posthof
Lebendige Zeitkultur am Winterhafen – Theater, Kabarett, Konzerte.

Posthofstraße 43, 4020 Linz
Tel. +43 (0)732 / 77 05 48 0
www.posthof.at

Schlossmuseum
Das oberösterreichische Landesmuseum mit dem neu errichteten Südtrakt.

Tummelplatz 10, 4010 Linz
Öffnungszeiten: Di – Fr 9.00 – 18.00 Uhr, Do10.00 – 21.00 Uhr, Sa, So und Feiertag 10.00 – 17.00 Uhr, Mo geschlossen.

Stadtmuseum Nordico
Oberösterreichische und Linzer Kunst unter einem Dach mit schönem Vorplatz.

Dametzstraße 23, 4020 Linz
Öffnungszeiten: Mo, Di, Mi, Fr 10.00 – 18.00 Uhr, Do10.00 – 21.00 Uhr, Sa und So13.00 – 17.00 Uhr
www.nordico.at

Stadtwerkstatt
Nahversorger mit Stadtkultur aus der Freien Szene.

Friedhofstraße 6, Kirchengasse 4, 4040 Linz
Tel. +43 (0)732 / 73 12 09
www.stwst.at

Theater Phönix
Progressives und anspruchsvolles Theater, das zu den bedeutendsten freien Bühnen des Landes zählt.

Wiener Straße 25, 4020 Linz
Tel. +43 (0)732 / 66 26 41
www.theater-phoenix.at

Nachtleben

Das Nachtleben von Linz konzentriert sich vor allem auf die Bars und Restaurants der Altstadt unterhalb des Schlossbergs.
Auch rund um den Pfarrplatz sowie in Alt-Urfahr entlang der Donau kann man gut ausgehen. Durch den Bau des Musiktheaters wird Linz auch im Gebiet um den Volksgarten eine Aufwertung und ein breiteres gastronomisches Angebot erfahren.
Etwas außerhalb von Linz befindet sich in der Neuen Heimat bzw. am Infracenter eine „Nachtmeile" mit Diskotheken und Bars.

O-Bus

Die vielleicht nicht allen Besuchern geläufige Bezeichung „O-Bus" ist eine Abkürzung für den Begriff „Oberleitungs-Bus".
Auf einem Streckennetz von knapp 19 km Länge verkehren diese elektrisch betrieben Busse noch.

www.linzag.at

Parken in Linz

In der gesamten Linzer Innenstadt wird Parkraumbewirtschaftung betrieben, um dem wachsenden Verkehrsaufkommen Herr zu werden.

Die Kurzparkzonen
sind zumeist mit blauen Streifen entlang des Gehsteigrandes gekennzeichnet. Zu bezahlen ist bei den gleichfarbigen Parkscheinautomaten, wobei mindestens für 30 Minuten eingeworfen werden muss. Eine Zahlung mit der Bankomatkarte sowie eine Abbuchung über das Mobiltelefon ist möglich. Die Kurzparkzonen werden ständig überwacht, wobei lediglich eine Toleranz von maximal 10 Minuten herrscht. In der Regel gelten die Kurzparkzonen von Montag bis Freitag zwischen 8.00 und 18.30 Uhr und am Samstag von 8.00 bis 12.00 Uhr.

Für längere Parkzeiten
stehen die Parkhäuser zur Verfügung, die überall in der Innenstadt errichtet wurden. Größere Parkflächen außerhalb des Stadtzentrums stehen u. a. in Urfahr am Jahrmarktgelände und beim Urnenhain sowie am Froschberg beim Stadion zur Verfügung.

Infos über abgeschleppte Fahrzeuge: Bundespolizeidirektion Linz, Nietzschestraße 33, 4020 Linz, Tel.: +43 (0)732 / 7803-0

Rikscha, Segway, Linz City Express

Linz kann man auch über andere Verkehrsmittel als mit dem Auto oder mit Bus und Straßenbahn kennenlernen. So wird beispielsweise ein Rikschaservice angeboten.

www.rikscha.at

Neu sind Rundfahrten mit Segways, die nur in Begleitung einer Führung unternommen werden können. Diese zweispurigen Fahrzeuge, worauf man stehen kann, müssen einen Tag im Voraus (bis spätestens 18.00 Uhr) gebucht werden.

www.linzerschweben.at

Beim Linz City Express handelt es sich um einen gelben Bummelzug, mit dem Panorama-Sightseeing-Touren durch die Innenstadt unternommen werden können.

www.geigers.at/express

Nightlife im „Bermudadreieck" der Linzer Altstadt

Souvenirs

Zu den typischen Souvenirs aus Linz gehört natürlich die Linzer Torte, die in allen großen Konditoreien der Stadt zu haben ist. Die Linzer Torte befindet sich außerdem in den so genannten „Genussboxen" die extra für das Kulturhauptstadtjahr von einer Fachjury zusammengestellt wurden. Die Genussboxen sind gefüllt mit traditionellen und innovativen Köstlichkeiten aus Linz und der Umgebung.

Auch Künstler und Designer
haben sich inzwischen dieser Thematik gestellt und spezielle Souvenirs gestaltet. Hier zwei Beispiele: Die Linzer Kugeln sind Weihnachtsschmuck, der bei pro mente OÖ. bzw. in einer geschützten Werkstätte von Menschen mit psychischen Beeinträchtigungen aus Metalldraht gefertigt werden. Erhältlich sind die Kugeln in verschiedenen Größen, wobei es auch eine Variation in Herzform gibt.

Atelier Almesberger, Linz,
Tel.: +43 (0)732 / 790561,
www.schmuckdesigner.at

Die Kultuhr Linz 09,
die vom Künstler Othmar Steiner stammt, gibt es als Wandschmuck und als Wecker. Sie wird im Kartenbüro Pirngruber, Landstraße 34, vertrieben.

www.der.steiner.at.tt
www.pirngruber.com

Taxi

Austria Taxi Tel.: +43 (0)732 / 1716
Linzer Taxi Tel.: +43 (0)732 / 2244 und +43 (0)732 / 1718
Grüne Funk-Taxi Tel.: +43 (0)732 / 6969 und +43 (0)732 / 3344

Das Anruf-Sammeltaxi (AST)
fährt von gekennzeichneten Abfahrtsstellen direkt zur gewünschten Ausstiegsstelle. Es ist mindestens eine halbe Stunde vor der beabsichtigten Abfahrtszeit zu buchen.

Info: Kundenzentrum der Linz AG,
Tel.: +43 (0)732 / 3400-7002.
AST-Sammeltaxi
Tel.: +43 (0)732 / 661266 und +43 (0)732 / 2244

Universitäten und Fachhochschule

Anton Bruckner Privatuniversität

Wildbergstraße 18, 4040 Linz
Tel.: +43 (0)732 / 701000-0
www.bruckneruni.at

Johannes Kepler Universität Linz

Altenberger Straße 69, 4040 Linz
Tel.: +43 (0)732 / 2468-0
www.uni-linz.ac.at

Universität für künstlerische und industrielle Gestaltung

Hauptplatz 8, 4020 Linz
Tel.: +43 (0)732 / 7898-0
www.khs-linz.ac.at

Katholisch-Theologische Privatuniversität Linz

Bethlehemstraße 20, 4020 Linz
Tel.: +43 (0)732 / 784293-0
www.ktu-linz.ac.at

FH Campus Linz – Gesundheit und Soziales

Garnisonstraße 21, 4020 Linz
Tel.: +43 (0)732 / 2008-0
www.fh-ooe.at/campus-linz/campus

Souvenirs, nicht nur für 2009

Veranstaltungen

Unter www.linztermine.at sind sämtliche Veranstaltungen, Ausstellungen etc. zu finden.

Wellness

Das Linzer Hummelhofbad (Ramsauerstraße 12) wurde kürzlich im Zuge eines architektonisch ambitionierten Projektes in eine Wellness-Oase mit Solebecken, Relaxbecken, Infrarotkabine etc. umgestaltet.

www.linzag.at

Erwähnenswert ist außerdem das Arcotel Nike am Donaupark (Untere Donaulände 9) mit einem Spa & Wellness Center (Hape del Mar – Spa & More), das nicht nur für Hotelgäste zugänglich ist. Geboten werden u. a. ein Hammam, ein Hallenbad und Massagen.

www.hapedelmar.at
www.arcotel.at

Xing

Ist nicht nur ein Internet-Netzwerk für Karrieristen, sondern auch ein Kulturmagazin, das bis zu viermal jährlich in Linz herausgegeben wird.

Xing, Marienstr. 10a, A-4020 Linz,
www.xing.curbs.at

Youth Hostel Linz

Jugendgästehaus Linz

Stanglhofweg 3, 4020 Linz
Tel. +43(0)732 / 664434
www.hihostels.com

Knuspriges seit Kaisers Zeiten – aus der k. u. k. Hofbäckerei Rath in der Pfarrgasse 17

Rund um Linz

Das mächtige Barockstift St. Florian war Wirkungsstätte Anton Bruckners.

Das Wesen einer Stadt, ihre Geschichte, Funktion und ihre Bedeutung offenbaren sich auch durch Ausflüge in die umliegende Region. Dabei ist Linz die Hauptstadt eines äußerst vielfältigen Bundeslandes, das zahlreiche landschaftliche und kulturelle Schätze beherbergt. Einige davon sind in der unmittelbaren Umgebung zu besichtigen.

Ein Beispiel für diese Verknüpfung bilden die umliegenden Klöster. Diese wirtschaftlich prosperierenden Betriebe ließen zahlreiche Linzer Bauten errichten, insbesondere in der Barockzeit. Diese haben das Bild der Innenstadt entscheidend geprägt und zeugen vom damaligen Glanz der Stifte. Direkt in den Nachbargemeinden von Linz, im 17 km entfernten St. Florian und in Wilhering (10 km), befinden sich zwei dieser historischen Juwelen. Ganz anders war das Verhältnis zu den drei anderen größeren Städten des oberösterreichischen Zentralraums, die ebenfalls zu einem Ausflug einladen.

St. Florian

Die Gründung dieses Stiftes, dessen beide Türme sich südöstlich von Linz zwischen sanften Hügeln verbergen, geht auf den frühchristlichen Märtyrer Florianus – heute Landespatron und Schutzherr der Feuerwehr – zurück. Daher kommt nicht nur der Name des Augustiner-Chorherrenstiftes, sondern auch die Möglichkeit, dass man in unmittelbar Nähe des Klosters auch ein Feuerwehrmuseum besichtigen kann.

Die Stiftskirche birgt die berühmte Brucknerorgel.
Genau darunter sind die Gebeine Anton Bruckners, des wohl berühmtesten oberösterreichischen Komponisten, beigesetzt worden. Bruckner wurde 1824 im Nachbarort Ansfelden geboren und starb 1896 in Wien.

Das barocke Stift St. Florian
weist die künstlerische „Handschrift" von Carlo Carlone und Jakob Prandtauer auf und kann mit etlichen Sehenswürdigkeiten aufwarten. Es gehört zu den prächtigsten Bauten dieser Art, die entlang der Donau errichtet wurden.
Mit der Übernahme des Stiftes durch die Augustiner-Chorherren kam es 1071 auch zur Gründung des Chors der Florianer Sängerknaben, die heute noch im Stift ausgebildet werden und weltweit Konzerte geben.
Neben der Musik widmeten sich die Mönche auch der Wissenschaft, weshalb es eine prunkvolle Bibliothek mit rund 130.000 Bänden, 800 Handschriften und über 800 Inkunabeln gibt. Typisch für das Barock ist aber nicht nur der Prunk, sondern auch die Erinnerung an den Tod, die vor allem im Gebeinhaus des Klosters wach gehalten wird.

Tel. +43(0)7224/5690,
www.st-florian.at

Die weltberühmte Brucknerorgel aus der Nähe

NÄHER BETRACHTET: KLANGERLEBNIS IN FREIER NATUR

Eine Wanderung der besonderen Art lässt sich unweit von Linz, in der Nachbargemeinde Ansfelden unternehmen. Hier wurde der Komponist Anton Bruckner geboren, der in Linz und St. Florian viele Jahre als Domorganist wirkte.
Das Anton Bruckner Center (ABC) in Ansfelden würdigt diese berühmte Persönlichkeit und ist Ausgangspunkt einer Sinfoniewanderung. Diese führt durch Wiesen und Felder sowie durch die hügelige Waldlandschaft nach St. Florian, zu seiner Begräbnisstätte im dortigen Stift. Entlang der zehn Stationen werden nicht nur die zehn Sinfonien Anton Bruckners beschrieben, sondern auch historische Hintergründe geschildert. Die Wanderer können sich für unterwegs ein Abspielgerät ausborgen, um Auszüge dieser Sinfonien zu hören.
Je nach Tempo beträgt die Gehzeit zwei bis drei Stunden, bei einer Distanz von 8,3 km.

www.antonbrucknercentrum.at

Das Stift Wilhering liegt westlich von Linz in malerischer Umgebung an der Donau.

Wilhering

Das Zisterzienserstift Wilhering liegt westlich von Linz am Südufer der Donau. Es wurde im Jahre 1146 von den Brüdern Ulrich und Cholo von Wilhering-Waxenberg auf deren Erbgrund gestiftet.
Seine erste große Blütezeit erlebte das Kloster bis zur Reformation. Im 16. Jahrhundert erfolgte dann der Verfall des Klosterlebens, der erst durch den Abt Alexander a Lacu wieder gestoppt werden konnte. Durch Brandstiftung wurde das Kloster 1733 völlig zerstört. Dadurch kam das Kloster im Zuge des Wiederaufbaus allerdings zu einer einmaligen Rokokokirche. Sie entstand in Zusammenarbeit des Linzer Baumeisters Johann Haslinger mit dem kaiserlichen Ingenieur Andreas Altomonte.
Heute ist in dem Kloster ein Gymnasium untergebracht, und viele Linzer nutzen den großzügig angelegten Park auch als Erholungsgebiet. Im Sommer finden im Kloster Theateraufführungen statt.

Tel. +43(0)7226/225512,
www.oberoesterreich.at/wilhering

Enns

Eine Stadt, die auf Wanderschaft geht? Ja, so war es im Fall von Enns, der trutzigen Grenzstadt über dem gleichnamigen Fluss.

Am Anfang waren die Kelten,
die im Gebiet des heutigen Stadtteils Lorch, also ein gutes Stück westlich des heutigen Ennser Zentrums, bereits eine Siedlung bewohnten. Dann kamen die römischen Legionäre, die dort um 45 n. Chr. ein Kastell samt einer Zivilsiedlung anlegten. 150 Jahre später wurde sie zu einem befestigten Lager, das den Namen Lauriacum und im Jahre 212 das Stadtrecht erhielt. Die Römer zogen sich schließlich zurück und die Baiern nahmen das Gebiet in Besitz.

An der Stelle eines römischen Tempels
entstand, wie Grabungen bestätigen, die erste christliche Kirche. Das dem heiligen Laurentius geweihte Gotteshaus wurde um 800 umgebaut; sein heutiges Aussehen geht auf das 14. Jahrhundert zurück. Bei Führungen sieht man in der Unterkirche noch einen römischen Altarstein und Teile der Fußbodenheizung.

Aus Lauriacum
stammt übrigens auch der frühchristliche Märtyrer Florianus, der oberösterreichische Landespatron und Schutzherr der Feuerwehr. Er wurde in der Enns ertränkt und in einem Steinkistengrab beigesetzt.

Die Stadt wandert nach Osten.
Um das Jahr 700 verwüsteten die Awaren die Stadt. Als Gegenstrategie ließ Karl der Große einen weiter im Osten, direkt über der Enns gelegenen Hügel befestigen. Im Jahre 900 findet sich die Anisapurch erstmals in einer Urkunde.

Im 11. Jahrhundert
hatte sich rundherum bereits eine neue Siedlung entwickelt, die die Babenberger – 1000 Jahre nach den Römern – ein weiteres Mal zur Stadt erklärten. Ihre Befestigung, von der noch einige Türme bestehen, machte sich bezahlt, denn trotz laufender kriegerischer Ereignisse blühte der Handelsplatz über dem Fluss auf. Zeichen dafür sind die behäbigen, bunt gestrichenen Bürgerhäuser der Altstadt – und ihr frei stehender Stadtturm, den man auf 156 Stufen erklimmen kann. An klaren Tagen genießt man von oben ein herrliches Panorama vom Mühlviertel bis zu den Alpen – und natürlich den Tiefblick auf den geräumigen Stadtplatz.

Ennser Stadt-Spezialitäten
Im Alten Rathaus sollte man unbedingt das Stadtmuseum Lauriacum besichtigen, denn es zeigt u. a. das einzige in Österreich erhalten gebliebene römische Deckenfresko mit „Amor und Psyche“. Unbedingt besuchen sollte man auch die etwas abseits gelegene Stadtpfarrkirche Maria Schnee, in der ein schöner Kreuzgang, die hochgotische Wallseerkapelle mit einer Sandsteinmadonna (um 1300) und ein modernes Chorfenster zu sehen sind. Unterhalb der Stadt liegt der Geologie Park Enns mit einem Modell des gesamten Ennstals.

Tel. +43(0)7223/82777,
www.oberoesterreich.at/enns

Der Ennser Stadtturm, das Wahrzeichen der ältesten Stadt Österreichs

Wels hat's in sich!

Der Name der zweitgrößten Stadt Oberösterreichs geht auf die Kelten zurück: Diese nannten den Ort in der fruchtbaren Ebene an der Unteren Traun „Vilesos". Unter den Römern hieß er „Ovilava" – und sie erhoben ihn um das Jahr 300 zur Metropole von ganz Ufernoricum.

Zur Stadt wurde Wels anno 1222
durch die Babenberger, die auch gleich eine wehrhafte Befestigung und die beiden bis heute wichtigsten Lokalitäten – den Stadtplatz und den nachmaligen Kaiser-Josef-Platz – anlegen ließen. Das aufstrebende Handelszentrum gefiel auch Kaiser Maximilian I., der 1519 in der Welser Burg verstarb. Trotz vieler Rückschläge erholte sich die Stadt immer wieder: Der Handel blühte und auch die 1878 erstmals veranstaltete Messe brachte große Bekanntheit.

Unsere Tour durch Wels beginnt
auf dem prächtigen Stadtplatz, den 64 prachtvolle Bürgerhäuser umgeben und den man am besten durch das Tor unter dem Ledererturm betritt (das Welser Wahrzeichen stammt aus dem 13. Jahrhundert und ist der letzte von vier Türmen der Stadtbefestigung). Hinter einigen der vorwiegend barocken Fassaden verbergen sich Arkadenhöfe. Auch das kaisergelb gestrichene Rathaus unterstreicht die Bedeutung der Handelsmetropole.

Eine besondere Augenweide
bieten die Renaissancemalereien des Hoffmann'schen Freihauses gegenüber der romanisch-gotischen Stadtpfarrkirche. Es ist besser als das „Haus der Salome Alt" bekannt, denn die Geliebte des Salzburger Fürsterzbischofs Wolf Dietrich von Raitenau (dem sie 15 Kinder schenkte) bewohnte es bis 1633.

Wels, eine moderne und junge Stadt

Nach Süden,
gegen die Traun hin, findet man das ehemalige Minoritenkloster (Archäologische Sammlung) und die Altstadt mit der barocken Nepomukkapelle und dem Wasserturm, der aus der Renaissance stammt (bloß seine Malereien entstanden erst im 20. Jahrhundert).

Die einstige Kaiserliche Burg
wurde schon im 8. Jahrhundert erwähnt und fungiert heute als Kultur- und Museumszentrum. Es birgt u.a. den „Welser Metzen", ein altes Getreidemaß. Mit ihm wog man wohl auch den Inhalt jener Kornspeicher, die hinter einigen Bürgerhäusern errichtet wurden. Einer davon ist noch an der Freiung zu sehen; in seinen Gewölben bie-

tet ein Freiraumtheater jungen Schauspieltalenten eine Chance. Nicht weit davon entfernt, an der Fassade des Schlosses Polheim an der Ringstraße, erinnert eine Tafel an den Meistersinger Hans Sachs, der als Handwerksbursch nach Wels kam.

Weitere Sehenswürdigkeiten
finden Sie z.B. an der Polheimerstraße, nämlich das Kaiserpanorama (Nr. 17) und das Lebensspuren-Museum (Nr. 4). „Puppenträume" werden im Puppen- und Bärenmuseum an der Heiderosenstraße 58 und im Puppenmuseum Käthe Kruse (Stelzhamerstraße 14) wahr, Eisenbahnfreunde pilgern dagegen in den Osten der Stadt, nach Maxlhaid 9, wo das Pferdeeisenbahnmuseum die Südstrecke dieses ersten Schienenweges Oberösterreichs (Linz–Gmunden) präsentiert wird. Wels verfügt sogar über einen Tierpark (Maria-Theresia-Straße, nahe dem Lokalbahnhof).

Den schönsten Blick
über die Stadt genießt man von der Marienwarte, die südlich der Traun auf einem Hügel in der Nachbargemeinde Thalheim steht. Wer bei der Traunbrücke am Nordufer bleibt und dann flussaufwärts zum Kraftwerk Marchtrenk wandert, gelangt gleich ins All: auf dem Planetenweg mit seinen „himmlischen" Installationen.

Tel. +43(0)7242/434950,
www.wels.at

Die Eisenstadt Steyr

Das Gebiet am Zusammenfluss von Enns und Steyr, etwa 40 km südlich von Linz, war schon in der Eisenzeit besiedelt. Wirklich ins Licht der Geschichte trat Steyr jedoch anno 980 – damals wurde die „Styraburg“ über dem Zusammenfluss der Alpenflüsse Enns und Steyr erstmals urkundlich erwähnt. Der Ort, der sich rundum entwickelte, erlangte bald große Bedeutung: Die ersten Burgherren, die Otakare, regierten von hier aus ihre Besitzungen in der Steiermark. Dort liegt der Erzberg – und von dort kam das Eisen, das in Steyr und seiner Umgebung, der „Eisenwurzen“, weiterverarbeitet wurde.

Bald stieg Steyr
zur wichtigsten Eisenmetropole nördlich der Alpen auf. 1287 gewährten die Habsburger der Stadt das Stapelrecht: Holz und Eisen musste den Steyrern damit drei Tage lang zum Vorzugspreis angeboten werden.

Dazu kam ein reger Eisenhandel –
bis nach Venedig und in den Orient. So galt Steyr bis ins 15. Jahrhundert als eine der reichsten Städte Österreichs. Die prachtvollen Bürgerhäuser am Stadtplatz, am Grünmarkt, in der Pfarrgasse und in der Engen Gasse Richtung „Zwischenbrücken“ am Zusammenfluss von Enns und Steyr geben davon Zeugnis. Manche von ihnen weisen wunderbare Renaissancefassaden auf, andere verbergen herrliche Innenhöfe, z. T. mit Arkaden.
Der Innerberger Stadel, ein mächtiger Eisenspeicher mit reichem Sgraffito-Schmuck neben dem befestigten Neutor am Grünmarkt, beherbergt heute das Stadtmuseum. Im gotischen Baustil erhalten blieb u. a. das „Bummerlhaus“ am Stadtplatz, aber auch die oberhalb aufragende Stadtpfarrkirche, an deren (Neu)Bau ab 1443 die Wiener Dombauhütte beteiligt war.

Steyr – ein Gesamtkunstwerk
Mit dem Dreißigjährigen Krieg, der Gegenreformation und dem Bauernkrieg begann der wirtschaftliche Niedergang. Trotzdem entstanden damals weitere bauliche Glanzstücke wie z. B. die zweitürmige Barockkirche St. Michael im Stadtteil Steyrdorf über der Mündung der Steyr oder die Marienkirche der Dominikaner.
Nach dem Stadtbrand von 1727 wurde die Styraburg im barocken Stil umgebaut – so entstand das heutige Schloss Lamberg. Auch einige Häuser am Stadtplatz erhielten ein barockes Faceliftig. Dazwischen sticht jedoch das Rathaus mit seinem schlanken Turm (1772) hervor: Es gilt als Meisterwerk des österreichischen Rokoko.

Der zweite große Wirtschaftsaufschwung
begann im Stadtteil Wehrgraben, in dem man schon im Mittelalter Eisen verarbeitete. Dort gründete Leopold Werndl 1830 eine Gewehrfabrik, die sein Sohn Josef zu einer der größten Waffenschmieden der Welt ausbaute. Das einzigartige Industrie-Ensemble sollte in den 1970er-Jahren der Spitzhacke zum Opfer fallen; heute befinden sich dort das Museum Arbeitswelt und eine Fachhochschule. Spazieren Sie dort den malerischen Wasserläufen entlang – am besten bis in die Rosenegger Au!

Tel. +43(0)7252/53229, www.oberoesterreich.at/steyr

Steyr: historische Stadt, moderner Industriestandort

Badeseen & Tierparks

Die Umgebung von Linz bietet zahlreiche Freizeitreviere und Ausflugsziele für die ganze Familie.

Die Feldkirchner Badeseen
locken etwa 20 km westlich von Linz, fast gegenüber von Eferding, zum Baden. Ihr Freizeitareal ist mit einer Gesamtfläche von 630.000 m^2 eines der beliebtesten Erholungsgebiete Oberösterreichs. Die ruhige Lage nahe der Donau und das große Angebot an Freizeitaktivitäten schätzen die Besucher ganz besonders. Die Seen laden zum Schwimmen in einer wunderschönen Aulandschaft ein. Im Sommer steigen die Wassertemperaturen auf angenehme 24 °C. Das Gelände rundum bietet von Mai bis September Aktivitäten wie Tischtennis, Freiluftschach oder Beach-Volleyball.

Ein besonderes Highlight
ist das Wasserskifahren am Lift. Sechs Badebuffets, ein Tauchplatz und ein FKK-Bereich runden das Angebot ab. Für einen längeren Aufenthalt eignet sich der benachbarte Campingplatz. Wer jedoch ganz exklusiv absteigen möchte, der kann dies im prächtigen Hotel Schloss Mühldorf tun, das zu den exklusivsten Hotels in Oberösterreich gehört. Außerdem lassen sich von den vier Feldkirchner Badeseen aus sehr schöne Ausflüge in die Umgebung unternehmen.
So bietet sich eine Wanderung durch das wildromantische Pesenbachtal, das älteste Naturschutzgebiet im Mühlviertel, an (Start in Bad Mühllacken; Gehzeit je nach Weglänge zwischen 1 h und 3 h).

Tel. +43(0)7233/7190,
www.oberoesterreich.at/feldkirchen

Etwa 13 km nordwestlich von Linz,
im Mühlviertler Hügelland nahe Ottensheim liegt der Tiergarten und Reiterhof Walding, der mit einer exotischen Ente begonnen haben soll. Dort kann man nicht nur auf Pferden und Ponys reiten, sondern auch auf Kamelen. Im Zoo leben überdies so imposante Tiere wie Tiger und Elefanten.

www.tiergartenwalding.com

Wer noch ein Stück weiter
Richtung Rohrbach ins obere Mühlviertel fährt, gelangt schließlich zum Wildpark Altenfelden, 37 km nordwestlich von Linz.
Es handelt sich dabei um den größten privaten Park Österreichs, der u. a. wegen seiner Greifvogelvorführungen und der Gepardenfütterung bekannt ist. Diese findet immer um 15.30 Uhr statt. Der weitläufige Wildpark eignet sich auch hervorragend für eine kleine Wanderung.

www.wildpark-altenfelden.at

Etwa 30 km südlich von Linz,
in der Nähe von Wels, befindet sich der Zoo Schmiding, der ursprünglich als Vogelpark bekannt wurde. Das Angebot ist mittlerweile erweitert worden, weshalb man dort beispielsweise Tiger und Gorillas antreffen kann.
Besonders beeindruckend sind auch die Giraffen, die auf einem Aussichtsplateau auf der Höhe ihrer Köpfe besucht werden können. Neu in Schmiding ist der Aquazoo, ein einzigartiger Themenpark auf 2500 m^2 Ausstellungsfläche. Zu sehen sind wie Fossilien wirkende Lebewesen, wie beispielsweise ein chinesischer Riesensalamander mit 1,5 m Länge und mehr als 20 kg Gewicht.

www.zooschmiding.at

Wasserspaß im Umland von Linz

Linz aus der Luft

Eine wunderbare Wanderung von Hellmondsödt nach St. Magdalena

Ausgangspunkt: Hellmonsödt, 825 m. Zufahrt von Linz (Hauptbahnhof) mit dem Bus. Rückfahrt von St. Magdalena mit der Straßenbahn zum Linzer Hauptbahnhof.
Charakter: einfache und landschaftlich sehr schöne Bergab-Wanderung auf breiten Wegen und problemlosen Pfaden.
Gehzeit: 3,5 h.
Höhenunterschied: kaum Aufstieg, 650 m Abstieg.
Einkehr: in Hellmonsödt, Oberbairing und St. Magdalena bei Linz, Pelmbergstüberl.

Keine 20 km von der Linzer Innenstadt entfernt und doch der zweithöchste Markt Oberösterreichs – das ist Hellmonsödt. Der böhmische König Wenzel soll während seiner Gefangenschaft im Turmstübchen des Schlosses Wildberg einmal nächtens sinniert haben, wie hell hier der Mond über die Öde scheine – davon leitet die Mär jedenfalls den Ortsnamen her.

Die Linzer schätzen das waldreiche Gebiet rund um den Ort
seit jeher als Spazier-Revier. Ein besonderes Erlebnis ist es jedoch, von dort oben süd- und meistens auch abwärts in die Landeshauptstadt zu wandern. Zunächst gehen wir vom Marktplatz in Hellmondsödt – zwischen der Kirche und dem Gemeindeamt – auf der Straße Richtung Pelmberg nach Althellmondsödt, wo wir bei einem Gasthaus rechts auf den Wanderweg Nr. 160 einschwenken. Bald spendet der Breitlüsser Wald Schatten und wir zweigen links auf den Weg Richtung Pelmberg ab. Dieser Abstecher lohnt sich, denn dort steht ein typischer Dreikanthof, dessen Geschichte bis ins Jahr 1325 zurückweist. Er wurde samt Rauchkuchl und „Kastl" (Mostkeller und Kornspeicher) als Freilichtmuseum ausgestaltet und beherbergt eine Jausenstation. Auf dem Strohdach treibt die Hauswurz kleine „Palmen" aus – sie galt einst als blitzabweisend.

Vom Pelmbergstüberl
führt ein asphaltierter Güterweg rechts zum Wanderweg Nr. 160, auf dem wir links weitergehen. Es geht über einen Höhenrücken, auf dem die Ortschaften Oberwinkl und Oberbairing (Gasthaus) liegen.

Nun reicht die Sicht
zur fernen Bergprominenz vom Ötscher über den Großen Priel, den Dachstein und den Traunstein bis zum Watzmann. Zuletzt steigen wir etwas steiler durch Wald nach St. Magdalena ab. Am Abend taucht man hier regelrecht ins Meer der hunderttausend Linzer Lichtpunkte ein. Vor der Kirche leitet uns rechts ein steiler Weg unter einer Brücke der einstigen Pferdeeisenbahn durch und ins Siedlungsgebiet von Linz-Urfahr hinab.

Natürliche und kulinarische Vielfalt prägen das Wanderrevier im Mühlviertel.

Zum Kopfwehstein bei Kirchschlag

Eine Höhenwanderung auf dem „Dach von Linz"

Migräne bei der Arbeit? Nachwirkungen von der letzten Party? Nicht verzagen: Das „steinreiche" Mühlviertel bietet Naturheilmittel zum garantiert chemiefreien Auskurieren derartiger Wehwehchen. Man muss nur dran glauben – und sie erst einmal finden. Etwa den „Kopfwehstein", eine 25 cm breite Steinschale inmitten des verwunschenen Waldes zwischen Kirchschlag und Eidenberg im Norden von Linz: Er stand bei unseren Vorfahren in hohem Ansehen.

Eine Wanderung zum Kopfwehstein
kann man auf der Eidenberger Alm oder auf dem Lichtenberg, dem höchsten Hausberg der Linzer, beginnen – beides sind beliebte und auch mit dem Auto erreichbare Ausflugsziele. Hier schlagen wir den Start im hoch gelegenen Dorf Kirchschlag vor. Schon Adalbert Stifter schätzte die klare Luft auf dem „Dach von Linz" – und die Fernsicht, die im Herbst oft über die Nebeldecke bis zu den Alpen reicht.

Man folgt
gegenüber der Kirche der Straße mit der Markierung Nr. 14 unter dem 956 m hohen Breitenstein vorbei (ein Abstecher dorthin lohnt sich, denn er trägt eine Aussichtswarte). Weiter zum Freizeitzentrum, dort links auf einem schmalen Pfad in den Schauerwald hinab und zu einer Forststraßenkreuzung. Wieder nach links und bei den folgenden Kreuzungen erst rechts und dann links, bis man über eine Wiese zum Gröblingerhof gelangt. Geradeaus am Gebäude vorbei (Nr. 21) und in einen Graben, aus dem man geradeaus zu einer Forststraße (Nr. 140) ansteigt. Auf dieser geht's rechts zur Wolfgangkapelle, die im 19. Jahrhundert auf einem Granitstein mit zwei ellipsenförmigen Vertiefungen erbaut wurde. Diese Schalensteine sollen vom abgelegten Hut des Heiligen stammen, die volkstümliche Bezeichnung „Blutschüsseln" gibt jedoch zu anderen Interpretationen Anlass. Gleich daneben weist ein Schild zum unscheinbaren Kopfwehstein am Waldboden, der eine weitere Schale aufweist. Allein das Hinabbeugen des Kopfes regt die Durchblutung an!

Genuss auf der Gis.
Vom nahen Weiler Höfen wandern wir dann links auf dem Weitwanderweg 109, dem Salzsteigweg, nach Süden aufwärts zur Schönangerkapelle. Von dort wäre rechts ein kurzer Abstecher zum Gasthof Eidenberger Alm möglich, während man links auf dem Weg Nr. 16 über Rohrach nach Kirchschlag zurückwandern könnte.
Viel schöner ist es jedoch, geradeaus zum Roten Kreuz (Straßenquerung) und am Sender vorbei zur 1856 erbauten Giselawarte („Gis") auf dem Lichtenberg zu gehen: Hier erwarten Sie ein weiteres Alpenpanorama und – etwas unterhalb des Gipfels – das gleichnamige Gasthaus (wenn Sie Glück haben, mit seinen berühmten Buchteln).

Vom Roten Kreuz führt dann rechts der gut markierte Weg Nr. 10 durch die Mulde von Rohrach nach Kirchschlag zurück.

Info: Tourismusverband Kirchschlag
Tel. +43(0)7215/22850,
www.kirchschlag.net

Unterwegs auf dem „Granit-Dach“ von Linz

Donau-Biking

Rad- und Kulturerlebnis zwischen Linz und Enns

Ausgangspunkt: Linz-Urfahr, Nibelungen-oder Eisenbahnbrücke, 259 m. Zufahrt mit der Westbahn bis Linz-Hauptbahnhof, von dort Rad-Beschilderung durch das Stadtgebiet. Wer mit dem Auto anreist, parkt am besten am Pleschinger See östlich von Urfahr.
Charakter: einfache Radwanderung, großteils auf nur mäßig stark befahrenen Straßen und asphaltierten Radwegen.
Strecke: Linz-Urfahr – St. Florian 29 km, weiter nach Enns 10 km. Rückfahrt mit der Bahn (mit dem Rad eventuell über Mauthausen – Radfähre – und auf dem Donauradweg nach Linz).
Wanderung: Stadtrundgang auf dem Themenweg Enns 1–2 h.
Höhenunterschied: gering.
Einkehr: in allen größeren Orten am Weg.

Bike-Start am Kunstmuseum Lentos

Südöstlich von Linz liegen zwei der schönsten Orte, die man von Linz aus gut mit dem Rad erreichen kann: St. Florian und Enns. Die Richtung dorthin gibt der Donau-Radweg nach Osten vor. Wir folgen ihm, anfangs meist von zahlreichen Spaziergängern, Skatern, Joggern begleitet, vom Ars Electronica Center am Nordende der Nibelungenbrücke flussabwärts. Bald verführt ein Wegweiser links zu einem Bad im Pleschinger See (oder zur ersten Stärkung). Am jenseitigen Donauufer raucht die Industrie, links erhebt sich der bewaldete Pfenningberg.

Wir fahren unter der Steyregger Brücke durch
und erreichen bald die Abzweigung in die kleine Stadt Steyregg, die zum nächsten Abstecher lockt. Der Donau-Radweg führt dagegen zum Kraftwerk Asten-Abwinden, auf dem wir den Strom überqueren. Drüben mündet der Traun-Radweg ein – wir radeln allerdings geradeaus „landeinwärts", biegen nach 1,5 km rechts ab und gelangen neben der Westbahn zum Bahnhof Asten-St. Florian und zum Pichlinger See: Rastpunkt Nr. 3!

Links zur Bundesstraße 1,
der wir ganz kurz nach rechts (Richtung Linz) folgen. Dann zweigen wir wieder links ab, fahren unter der Autobahn durch und über die Schienen der Florianerbahn zu den Bauernhöfen in Bruck bei Tödling. Über Traunleiten geht's zur alten Glockengießerei und ins Tal des

Ipfbaches hinein. Wir sehen bereits die Türme des barocken Augustiner-Chorherren-Stiftes St. Florian und folgen den Schildern des Anton-Bruckner-Radweges dorthin.

Der zweite Teil dieser Tour
führt uns in eine noch weiter zurückliegende Vergangenheit: in die Zeit der Römer. Wir fahren zur Glockengießerei zurück, biegen dort jedoch rechts ab und folgen den Schildern des Bruckner-Radweges zum Museumsbauernhof in Samesleiten.

Bei der folgenden Kreuzung geradeaus, über den Kristeinbach und zur Bezirksstraße 1401. Auf dieser wenige Meter nach rechts, dann scharf links abbiegen und unter der Autobahn durch zum Stadtrand von Enns, wo wir links nach Lorch abzweigen. Kurz vor der Stadt finden wir die Basilika St. Laurenz.

Hier beginnt ein Rundgang
mit 25 beschilderten Stationen unter dem Motto „Vom Römerlager zur Handelsstadt". Er leitet uns durch das historische Stadtzentrum von Enns.

Die Route führt zum Schloss auf dem Georgenberg, zur gotischen Stadtpfarrkirche und natürlich über den Stadtplatz mit dem Museum Lauriacum und dem 60 m hohen Stadtturm. Der Rundblick von seiner Galerie lohnt das Hinaufsteigen allemal!

Der Donauradweg wird von Jung und Alt gerne frequentiert. Er führt auch durch Linz.

Impressum

© KOMPASS-Karten GmbH,
6063 Rum/Innsbruck, Österreich.
Verlagsnummer 69
Auflage 09.01
ISBN 978-3-85491-564-5

Bildnachweis
Titelfoto: Tourismusverband Linz (kleines Foto: Thalia Linz)
Andreas Röbl: Seiten 1, 2/3, 6/7, 20, 23, 24/25, 30/31, 34/35, 37, 38, 44, 54, 66/67, 72/73, 96
Oberösterreich Tourismus/Andreas Röbl: Seiten 4/5, 8, 10, 13, 15, 48/49, 51, 74, 76, 77, 80/81, 83, 85, 86/87, 89, 90/91, 92/93
Tourismusverband Linz: Seiten 28, 32, 36, 59, 60, 64/65
Stadt Linz: Seite 27, 43
Linz09: Seiten 69, 71
ruba: Seite 30
ROBO GARAGE: Seite 31 u
voestalpine: Seiten 16/17, 18/19
Thomas Duschlbauer: Seiten 41, 45, 47, 52/53, 56, 95
Tierpark Linz: Seite 57
Wurm & Köck: Seite 63
Wolfgang Heitzmann: 79

Text
Thomas Duschlbauer
Wolfgang Heitzmann (Redaktion, Wanderungen)

Lizenzen & Kartenausschnitte
Möchten Sie Ausschnitte aus KOMPASS-Karten für eigene Publikationen (Bücher, Zeitungen, Folder) verwenden? Wir bieten Ihnen kooperative Lösungen an:
Tel. +43(0)512/265561-0;
verkauf@kompass.at

Alle Angaben
wurden nach bestem Wissen gemäß unserer derzeitigen Informationslage gemacht. Angaben wie Öffnungszeiten etc. können Veränderungen unterliegen.
Bei der großen Fülle des bearbeiteten Materials sind daher vereinzelte Fehler und Unstimmigkeiten nicht vermeidbar. Die Verwendung dieses Führers erfolgt ausschließlich auf eigenes Risiko und auf eigene Gefahr, somit eigenverantwortlich. Eine Haftung für etwaige Unfälle oder Schäden jeder Art wird daher nicht übernommen.

Anzeigenverkauf und -gestaltung
KV KOMMUNALVERLAG GmbH & Co. KG, Alte Landstraße 23, 85521 Ottobrunn, Deutschland,
Tel. +49(0)89/928096-21,
Fax /928096-38

Anregungen & Korrekturen
Wir freuen uns über jede Anregung oder Berichtigung zu diesem Stadtführer.
Bitte senden Sie diese an:

KOMPASS-Karten GmbH,
Kaplanstraße 2,
6063 Rum/Innsbruck, Österreich,
Fax +43(0)512/265561-8,
E-Mail: kompass@kompass.at

Alle EinsenderInnen nehmen am Jahresende an einer Verlosung (unter Ausschluss des Rechtsweges) teil:

1. bis 3. Preis: je ein Wanderrucksack;
4. bis 10. Preis: je eine ratiopharm-Sporttasche;
11. bis 50. Preis: je eine KOMPASS-Wanderkarte Ihrer Wahl.

Bitte vermerken Sie neben der Angabe des Titels auch Ihre genaue Anschrift. Ihre Informationen werden selbstverständlich vertraulich behandelt und Ihre persönlichen Daten nicht gespeichert.

Moderne Architektur im Inneren des Linzer Wissensturms

Dr. Thomas Duschlbauer MA

wurde 1968 in Linz geboren. Nach dem Studium in Wien und London kehrte er zurück nach Linz. Er ist bei Siemens VAI als Communication Consultant tätig und lehrt u. a. an der FH am Studienort Hagenberg.

Als Publizist, Künstler und Kulturwissenschafter wurde er mit dem Talentförderpreis der Stadt Linz (Literatur) und des Landes Oberösterreich (Architektur, gemeinsam mit Michael Shamiyeh), dem Hermes Lyrik Preis (2. Preis) sowie mit dem Anerkennungspreis der Dr.-Ernst-Koref-Stiftung (Essay) gewürdigt.

Zuletzt erhielt er für ein Kulturprojekt gemeinsam mit Damir Saracevic den Stadt der Kulturen-Preis. Literarische Publikationen: u. a. „Ein Stuhl im Niemandsland" (Lyrik), „Unvorhersehungen" (Lyrik), „Moskwa Blues" (Satire), „Letzling" (Lyrik).

Wissenschaftliche Publikationen: „Medien und Kultur im Zeitalter der X-Kommunikation", „Medium. Macht.Manipulation", „Brand.Design" etc.

Kontakt: duschlbauer@utanet.at